100年の人生で垣間《かいま》見た歴史に燦然《さんぜん》と輝く5人の生き方

国文学者
公益財団法人天風会講師
米津千之
対談相手：
栗岩英雄

太陽出版

はじめに……みんなに囲まれて幸せ

私は、今度の6月で100歳になるが、「元気の秘訣《ひけつ》はなんですか?」とよく聞かれる。ありがたいことに、私のところへは、80歳を過ぎた教え子から天風会のみなさんなど、いろんな方がお茶を飲みに出たり入ったりしている。「今日はどのような方が来てくれるのだろう?」と思っただけで、朝からわくわくどきどきする。

また、私は、毎日、思いついた言葉を書にしたためているが、次から次へと想像もしなかったような言葉が出てきて私を驚かせてくれる。これが心の健康法となり、また、脳の活性化にすこぶるいいようだ。

私は、毎月1回、自宅で「練馬芋洗い塾」を開いている。「芋洗い」とは、恩師・中村《なかむら》天風《てんぷう》先生のお言葉で、「おれの居ない時には、みんなで芋洗いをしろよ。肌と肌をこすり合って、心身の泥《どろ》や垢《あか》をきれいにすすぎ、霊性心《れいせいしん》の煥発《かんぱつ》に心がけよ」とのお諭《さと》しである。午前中は「言霊《ことだま》」の研修、午後からはみんなで童謡を歌うのだが、心が晴れ晴れとしてきてなんとも心地いい。そのあと、一人ひとり話をしてもらってから私が講話する。夕方4時からは、みなさんお楽しみの「ねりあい」(飲み会)である。

こんな生活をしていて、人生が楽しくないはずはない。

今年も「100歳の誕生会」を開いてくれるそうだが、せっかくだからと、対談して1冊の本にまとめてくれることになった。

対談相手は、私の師範学校時代の教え子である栗岩英雄《くりいわひでお》君である。彼とは、もう65年ものつきあいになるが、座談の名手である彼なしでは、この対談は成功しなかったであろう。あらためて感謝申し上げたい。

また、私の東京学芸大学の教え子である森田久美子さんは、私のために大変貴重な写真を提供してくれた。いつも、ありがとう。

最後に、「練馬芋洗い塾」のまとめ役をやってくれている秋元和子さん、塾生の砥綿祥榮君、そして次女の千早にもお礼を言いたい。

米津千之

2012年4月

100年の人生で垣間見た
歴史に燦然と輝く5人の生き方

——米津千之
対談相手・栗岩英雄

はじめに……みんなに囲まれて幸せ　1

第1話　「日本とは？」を教えてくれた柳田国男先生

「古典を学ぶ」とはどういうことか　12
柳田先生と折口先生との関係　15
「ライバル」とは「友だち」のこと　18
「発見の鋭い喜び」　20
柳田先生の深い洞察力　23
『キツネが笑う』が教えてくれた　26

第2話　「近代に生まれた古代人」折口信夫先生

折口先生主宰の「鳥船社」に入る　30
「喜ばれる悦び」　34
愛弟子の死を嘆き悲しんだ折口先生　37
折口先生と弟子との関係　40

目次

「キミの勇気を待つのみだよ」 44
どこまでも「清らか」だった折口先生 47
折口先生と関東大震災 50

第3話 「オーケストラで日本を追求した」渡辺浦人

渡辺君とコンビで「園歌」を手がける 56
ヤクザの親分にスゴまれた 59
芸術一家の渡辺君 61
「日本人とは何か？」が作曲の原点 64
「あなたでなければできない音楽」 68
「板を噛んで振動を聴いた」ベートーベン 70
日本民族の力を表現した『野人』 72
「子どもたちにいい音を聴かせたい」 74

第4話 「どこまでも自由奔放だった」サトウ・ハチロー

先生との運命的な出会い 78
「木曜会」で若者を指導したハチロー 80
「酒盛り」と「口述筆記」 82
「ハチローだってずいぶん助かったのよ」 84
「話して考えてまとめる」 87
「文章書きのコツ」を教える大家 89
詩は一字違っても命を亡くす 91
サービス精神旺盛だったハチロー 95
ハチローと菊田一夫の「師弟関係」 99
吉岡治は破門されて大ヒット 102
西条八十の詩で講話 104
佐藤家と斎藤家はネタに困らない 107
あの大きな顔に涙 109

第5話　私の人生を変えた中村天風先生

天才肌だった中村天風先生　114
溌剌・颯爽たる天風先生　116
「芋洗いで霊性心を煥発しろ」　118
「人生の達人」だった天風先生　123
「怒らず 怖れず 悲しまず」「正直 親切 愉快に」　126
真理は笑いの中にある　130
「霊性心」とは何か？　133
「素直な心」が「霊性心」を生む　136
欲が絡んでくると曇ってしまう「霊性心」　139
「生きているだけで感謝しなさい！」　142
「人生は心ひとつの置きどころ」　147
「天風教義」を少しでも多くの人に　150
「活き活きと　勇ましく　朗らかに」　152

第6話　一〇〇まで生きて見えてきたこと

「しなやか」に生きる　156
「今が長かれ」　158
根っこを深く生きる　160
伯父の成田千里は怪物だった　163
話し相手がいるだけでありがたい　166
「善きサマリア人」のたとえ　171
「気づけばすぐさまに」　175
「滝行」で無碍自在の境地を味わう　178
「1日もの言わず」は心身ともに良くない　181
童謡は日本人のふるさと　183
「きょうの情緒があすの頭をつくる」　186
言葉が運命をつくる　189
言葉は心のたべもの　192
「クンバハカ」と「安定打坐」　195

目次

カバー写真　藤田公一
カバーデザイン　冨澤　崇

第1話

「日本とは？」を教えてくれた柳田国男先生

「古典を学ぶ」とはどういうことか

――米津先生は、ボクの師範学校時代の恩師ですから、もう65年ものおつきあいになりますが、いつ見ても若々しいのには本当に感心いたします。15世片岡仁左衛門《かたおかにざえもん》みたいに、相変わらず素晴らしい声もしておられます。

米津　褒《ほ》めすぎだよ。でも、まだまだいい声をしているだろう（笑い）。

――先生は「教育一家」にお生まれになった。

米津　東京の麻布《あざぶ》で生まれた。小さい頃はかなり元気な子どもだったな。父は小学校の校長、母は教頭、伯父は中学校の校長をしていた。

――先生は、子どもの頃、歴史の先生が好きで、それで自分も歴史の勉強がしたくなって国学院大学に進まれたそうですね。

米津　遠山という歴史の先生が好きで、それで国学院に入ったんだ。遠山先生は平安神宮の宮司《ぐうじ》の息子さんでした。当時、神主《かんぬし》の学校は、国学院しかなかった。

――でも、先生のご専門は、倫理学と国文学？

米津　倫理学とやっぱり国文学だね。

「師弟対談」は和やかに行なわれた（左：栗岩英雄氏　右：著者）

――先生は、民俗学の柳田国男《やなぎだくにお》先生（１８７５～１９６２）と国文学の折口信夫《おりくちしのぶ》先生（１８８７～１９５３）を大変尊敬されておられますね。

米津　お２人は、ボクの恩師で日本を代表する先生方です。今でも燦然《さんぜん》と輝く巨星です。

――柳田先生ともお会いになったんですか？

米津　しょっちゅう会っていました。

――どういう経緯でお会いできたんですか？

米津　大学には偉い先生方がたくさんいたんだよ。いい先生ばかりに恵まれていた。その中で折口先生の講義にも出るようになり、先生が主宰していた短歌結社「鳥船社《とりふねしゃ》」に足繁《しげ》く通うようになり、そのうち、先生の内弟子として自宅にも出入りするようになったんだ。

――折口先生のことは、柳田先生の次に詳しくお聞きしたいと思います。つまり、柳田先生と折口先生が「師弟関係」にあったため、折口先生を通して柳田先生ともお近づきになったわけですね。

米津 そういうことです。柳田先生の講演などには、折口先生のお伴《とも》としてほとんど顔を出していたよ。

――「オーバー事件」（?）というのがあったそうですね。柳田先生の講演のときに、先生が柳田先生のオーバーを預かったが、どこかへ紛失《ふんしつ》してしまった？

米津 そういうこともあったかね。忘れてしまったよ（笑い）。

――結局は先生が見つけて柳田先生に戻された。だから、柳田先生は、先生のことを後々までよく覚えておられていたらしい（笑い）。

米津 柳田先生は「古典を学ぶ」とはどういうことか、気づかせてくれた。先生は、古代からの生活のいろんなものが残っていると。祭りにしても、先祖を祀《まつ》る慣習にしても、いろんな新しい民謡にしても、そういう中に日本人の古代の生活がちゃんと残っていると言われた。

先生は、東京帝大法科大学を出たあと、はじめは農商務省に入った関係で全国の農林を回ることが多く、その土地の方々からいろんな話を聞かれた。そして、それらを拾い上げて本にしたり論文を発表したもんだから、全国のそういうことに関心のある人たちが柳田先生についたわけだよ。師として仰いだんだ。その後は、学生たちにも全国を歩かせて、古代からの面白い話をどんどん集めさせたわけだ。

柳田先生と折口先生との関係

――『遠野《とおの》物語』は有名ですね。

米津　生徒だった岩手県遠野町（現・遠野市）出身の佐々木喜善《ささききぜん》さん（１８８６～１９３３）などから聞いた民話をまとめた初期の代表作です。

この本は、１９１０（明治43）年に自費出版されました。先生は、島崎藤村《しまざきとうそん》（１８７２～１９４３）や田山花袋《たやまかたい》（１８７１～１９３０）、泉鏡花《いずみきょうか》（１８７３～１９３９）など錚々《そうそう》たる方々に寄贈されたそうですが、彼らが非常に好意的な書評を書いてくれたそうです。

また、この本を購入した芥川龍之介《あくたがわりゅうのすけ》（１８９２～１９２７）は当時19歳でしたが、親友に「此頃柳田國男氏の遠野物語と云ふをよみ大へん面白く感じ候」と書簡を送っています。

――だから柳田先生は、自分の地位を生かしていろんなことを広く集めることができたわけですね。柳田先生は「日本独自の民俗学の確立」を目指したわけですが、それを知った折口先生は、「それならば文学の発生の元も、そういうものがあったからじゃないか」ということで「国文学の発生」という大変な論文を書き上げる。もっと面白いのは、「古代の生活がどういうふうに成り立ってきたか」ということをしゃべり歩いていた人がいたことです。それを「ほかひびと」とか「まれびと」と言って、折口先生の「まれびと論」という大変な学問にまとまることになる。

それには柳田先生は同調なさらなかった。だから柳田先生と折口先生は「師弟関係」で親和関係であったが相克《そうこく》関係でもあった。最近、ボクは、いろんなものを読んでいるからそれがよくわかる。たとえば、柳田先生は折口先生の「まれびと論」には明らかに否定されていますね。先生、お2人は、「師弟関係」でありながら、強烈な「ライバル関係」でもありましたよね。

米津　お2人とも聳《そび》え立つ巨頭ですが、性格はかなり異なりますからね。

ボクの第一東京市立中学校（今の九段高校）の後輩で、慶応大学経済学部から国文科に転じ折口先生に師事した、のちの国文学者で民俗学者の池田弥三郎《いけだやさぶろう》（1914～1982）が『私説折口信夫』で書いてますよ。

……1935（昭和10）年2月2日、「郷土研究会」が行なわれた。折口先生は健康を損《そこ》ねており、柳田先生の露《つゆ》払いのようなかたちで短い話のあと、柳田先生は『郷土研究の成長』という講演をした。

「そういう状態の折口を目のまえにおいて、いわば折口の『城』というべき国学院大学の郷土研究会において、折口の弟子、学生達をまえにして、折口の学問が、学としてはなはだあやういということを、徹底的に――聴衆の一人としてのわたしの実感だが――論じたのであった。わたしは国文学科の一年が終わろうとしているときで、慶応の先輩の波多郁太郎《はたいくたろう》と並んで聞いていたが、終始顔があげられなかった。」……

――江戸後期の国学者として知られる本居宣長《もとおりのりなが》（1730～1801）は、師匠の賀茂真淵《かものまぶち》（1697～1769）を大変尊敬していましたが、師匠から「自分と違う意見があったら、遠慮なく言いなさい」と教えられたそうです。ですから、師匠を尊敬するというのと、師匠の真似《まね》をした生き方をするというのとはまったく違う。

柳田先生と折口先生は聳え立つ巨頭だった

「ライバル」とは「友だち」のこと

——ノーベル物理学者の湯《ゆ》川《かわ》秀樹《ひでき》さん（1907〜1981）と朝永《ともなが》振一郎《しんいちろう》さん（1906〜1979）は、京大の寮で同部屋だったそうですが、学問のやり方や日常生活から好みまでことごとく違っていたらしい。

　お2人は、世界的数学者（数学にノーベル賞はない）の岡《おか》潔《きよし》さん（1901〜1978）が京大の講師だった頃、数学を学んだそうですが、お２人の岡さんに対する評価は１８０度違う。
「私は、岡さんの服装から仕草《しぐさ》まで、どうしても我慢できなかった」（湯川）
「専門の物理はまったく面白くなく、ただ、救いだったのは、岡先生の授業だった」（朝永）
ボクが決定的に面白かったのは、湯川さんは講演を頼まれていたが、体調を崩《くず》してしまい「だれか、ボクの代わりに頼んでくれないか」と弟子に言いつけておいた。後日、
「だれに頼んだの？」
「朝永先生です」（自信たっぷりに）
「バカもん！　キミたちはいくつになったら人の心がわかるんだ。よりによって朝永君に頼むとは何事だ！」
と烈火《れっか》のごとく怒《おこ》ったそうです。頼まれた朝永さんは快《こころよ》く引き受けたそうです。

「師弟関係」であり「ライバル」だった

米津　ワッハッハ。それは面白い。温厚そう

な湯川さんにも、そういう面があるんだな。お2人のように「良きライバル」というのは、お互いに良き批判者であり、良き競争者なんだよ。

「ライバル」というのは「友だち」という意味だからね。お2人は、学生時代から張り合ってはいただろうが、日本の物理学会の発展のためにいろいろと協力もしている。

湯川さんがノーベル賞を受賞されたとき、読売新聞が素粒子論の若い研究者のために「湯川読売奨学金」を支給することになった。朝永さんは東京にいるというだけで、この会の会長を頼まれたが、快くお引き受けになり、面倒な事務仕事や募金《ぼきん》にまで協力してくれたそうではないか。

おかげで、恵まれない環境にいた頭脳優秀な若者たちは、どれだけ助けられたことか。そのため、日本の物理学界がどれだけ発展したことか。

「発見の鋭い喜び」

―― ところで、岡さんは、「批評の神様」と言われた小林秀雄《こばやしひでお》さん（1902〜1983）と『人間の建設』（新潮社）という素晴らしい対談をされていますね。

米津 まさに名著です。

――岡さんの随筆も歴史に残る名文ですが、『春宵十話』（学研）の中で、学問上の大変興味深いことを書かれております。

岡さんが、数学上の3つの中心的な問題に取り組んでおられた頃のことです。さすがに世界のだれも解いていない未解決の問題だけあり、あまりにも山脈が大きすぎて最初の登り口がどうしても見つからない。それでも無理にやっていると、初めの10分間ほどは気がひきしまっているが、あとは眠くなってしまうという状態だったそうです。

そんなとき、友人の「雪博士」で有名な中谷宇吉郎《なかやうきちろう》さん（1900～1962）に誘われて夏休みを北大で過ごされます。北大では、応接室のソファーにもたれて寝ていることが多く、とうとう「嗜眠性脳炎《しみんせいのうえん》」というあだ名をつけられてしまいます。

「ところが、9月に入ってそろそろ帰らねばと思っていたとき、中谷さんの家で朝食をよばれたあと、隣《となり》の応接室にすわって考えるともなく考えているうちに、だんだん考えが一つの方向に向いて内容がはっきりしてきた。二時間半ほどこうしてすわっているうちに、どこをどうやればよいかがすっかりわかった。二時間半といっても呼びさますのに時間がかかっただけで、対象がほうふつとなってからはごくわずかな時間だった。このときはただうれしさいっぱいで、発見の正しさには全く疑いを持たず、帰りの汽車の中でも数学のことなど何も考えずに、喜びにあふれた心で車窓の外に移りいく風景をながめているばかりだった」

米津　学者にとって、まさにこれ以上の「至福《しふく》のとき！」はない。

――岡さんは、これを「発見の鋭い喜び」と言われております。

米津　「発見の鋭い喜び」。なんて素晴らしい言葉だろう。その最たるものは、だれもが知っている「アルキメデスの原理」ですね。アルキメデス（前287～前212頃）は風呂に入っていて「浮力の法則」を発見し、喜びのあまり裸で飛び出していった（笑い）。

――実は、この「発見の鋭い喜び」というのは、中谷宇吉郎さんの恩師である物理学者の寺田寅彦《てらだとらひこ》（1878～1935）の言葉だそうです。寺田寅彦は随筆家としても超一流でしたね。「団栗《どんぐり》」など、読むたびに涙が溢《あふ》れてきます。

米津　寺田寅彦と言えば、思い出したことがあります。寺田さんは、夏目漱石《なつめそうせき》（1867～1916）の門下生だったでしょう。ある日、漱石に「今度の小説で実験現場が出てくる。キミ、ひとつ実験しているところを見せてくれないか」と頼まれ、寺田さんは実験して見せたそうだが、わずかな時間だったのに、小説では、その場面が見事に描《えが》かれていたので舌《した》を巻いたそうだよ。

――やはり、文豪《ぶんごう》は違いますね。発見についてですが、ボクみたいに平凡な人間でも、世紀の発見に比べると大小の差こそあれ、「ああだ、こうだ」とどこまでも諦《あきら》めずに考え続けていると、潜在意識《せんざいいしき》からある日突然、答えが表面に飛び出してくる。そのときは、もう解決しているんですよね。

米津 昔のトースターのように、食パンがポンと出てくるようにね。学問上の問題にしろ、人生上の問題にしろ、諦めなければ必ず解決策は見つかるもんだよ。

柳田先生の深い洞察力

――広中平祐《ひろなかへいすけ》さんという日本が世界に誇る数学者がいますね。

米津 小平邦彦《こだいらくにひこ》さん（1915～1997）に次いで、日本で2番目にフィールズ賞を受賞した人でしょう。

――数学会のノーベル賞と言われるフィールズ賞を受賞された方です。その広中さんが、若い頃だと思いますが、かなり大きな問題を解いている時期に、数学会で特別講演をしたそうです。

……今、こういう研究をしていて、こういう理論ができればいいと思っているが、それはとてもむずかしいから、もう少しやさしくして、……。

そうしたところ、岡さんから言われたそうです。

「広中さん、それでは何もできませんよ。広中さんの研究計画には反対です。できそうなところをやるのではなくて、一番むずかしいと思われるところに挑戦すれば、自然にできるものです。広中さんのやり方では絶対にできない」(『素心・素願に生きる』小学館)

米津　厳しいですね。柳田先生や折口先生に叱《しか》られたことを思い出しました。専門家が集まる数学会で「特別講演」を頼まれるくらいですから、広中さんはすでに当時、かなりの研究成果を挙《あ》げ、学会でも認められていたでしょうからね。いくら世界的な数学者である岡さんとはいえ、同僚の数学者たちの前で、面と向かってそう言われたら、広中さんの面《めん》目《もく》は丸つぶれですね。

――　自尊心は、そうとう傷ついたでしょうね。でも、次のように語っています。

「岡先生は偉い先生かもしれないけれど、私とは分野が違うのだし、私の分野のことはわからないと思いました。でも、そのことがきっかけで、少し解き方を変えてみたら解けたのです。しかし岡先生のおっしゃっていることの意味が、そのときはまだわかりませんでした」(同上)

(左から）次女の樫村千早さん、「練馬芋洗い塾」まとめ役の秋元和子さん、著者、「ことだまの道」の矢島茂さん

米津　そうなんだよ。ボクなんか柳田先生に言われたことの本当の意味が何十年も経《た》って初めてわかったりする。

――岡さんの話が続きましたが、柳田先生の洞察力は、やはり凄《すご》いものがありましたか。

米津　それは、もう大変なものでしたよ。何しろ、民俗学で金字塔を打ち立てた孤高《ここう》の人ですからね。キミも知っていると思うが、柳田先生に『先祖の話』があるね。

「日本人は死んだら十万億土の遠い地にあるという極楽《ごくらく》へ行くという思想と、近くの里山へ行き、お盆や正月にも帰ってくるという二つのあの世の思想を、曙染《あけぼのぞ》めのようにぼかしている」

これ1つとっても、柳田先生が、いかに洞察力が優《すぐ》れているか、わかろうというものだ。

――勝新太郎《かつしんたろう》（1931〜1997）が石原裕次郎《いしはらゆうじろう》（1934〜1987）の弔辞《ちょうじ》で「裕次郎、先に行って待っててくれ。オレもすぐあとから行く」と語りかけていましたが、日本人はあの世を信じてはいないが、あの世の信仰《しんこう》がありますね。

『キツネが笑う』が教えてくれた

――先生は、柳田先生が採集された民話の中で『キツネが笑う』をお好きですね。

米津　日本人は、こんないい笑いを持っていたという証拠だからです。

……昔、ある峠《とうげ》の茶屋に、夕方になって立派な身なりをした武士が立ち寄りました。実は、その武士はキツネが化けたものでしたが、まだ未熟なキツネでしたから、顔にはもじゃもじゃと毛が生《は》えているし、鼻は尖《とが》ったまま、耳も三角です。そのくせ自分ではよく化けたつもりで威張《いば》り散らしていましたので、店の主人の喜兵衛はおかしさをこらえて、たらいに水を張ると、「どうぞ、足をお洗いください」と差し出しました。

キツネは鷹揚《おうよう》に構えて、ひょいと水を覗《のぞ》き込んだら、そこに自分の顔が写っているのを見てびっくり、慌《あわ》ててその場から逃げ出しました。

次の日、喜兵衛が山へ行くと、林の奥から声がかかりました。「喜兵衛さん、いやあ、昨日はおかしかったなあ」。喜兵衛には、それがキツネの声だとすぐわかりました。……

「昔は、この話のようにキツネも正直で、人と一緒に笑うことができるものだと、多くの山の人が思っていたのです」と柳田先生は言っておられます。

――　実に面白いですね。昔の日本人は、キツネやタヌキとも同棲《どうせい》していたんでしょうね。今でも、家族同然に彼らの近くに住んでいる人たちがいるようですけど。

米津　ボクは、この民話と出会ったとき、「日本とは、これだ！」と体中、激震が走りましたよ。ほんの2頁ほどの短い話だが、古事記や日本書紀よりも、日本という国がよくわかった。柳田先生は、「日本とは、どういう国か」初めて知らしめた偉大な方です。

―― 来月4月から国学院大学のオープンカレッジで『柳田国男と折口信夫』という講座がありますが、その中心になっているのが小川直之という教授で、彼のお父さんが先生と知り合いだそうですね。折口先生を囲んで門下生の写真が講座開始の際にスクリーンに映され紹介されますが、ほとんどが故人で、もういません。だから、ボクは言ってやりましたよ。「小川先生ね、100歳になる方がいますよ、まだ。米津先生が」（笑い）。

（2012年3月）

第2話

「近代に生まれた古代人」折口信夫先生

折口先生主宰の「鳥船社」に入る

――ボクは20歳のとき、国学院大学の学生として、柳田先生には3回ほど、折口先生には数回のご講義を受けましたが、よくわかりませんでした。先生が折口信夫先生（1887〜1953）に出会ったのはいつですか？

米津　国学院大学に入ったら、周りから「歌の会」に入れ、入れと誘われてね。「鳥船《とりふね》社《しゃ》」という短歌結社だった。それを主宰しておられたのが折口先生でした。

そのうち、ボクはみんなの歌を集めて印刷したりする謄写版《とうしゃばん》係にさせられてしまった。当時、ボクしかやる人がいなかったものだから。

――折口先生は、もともと「アララギ」に属し、釈迢空《しゃくちょうくう》として名を成《な》しましたが、1921（大正10）年に「アララギ」を去ったあと、国学院の学生たちと「鳥船社」を結成し、自ら学生たちを指導されましたね。後年、ここからは有名な人たちが大勢育っていきましたね。

米津　先ほどの池田弥三郎（1914〜1982）とか、池田と慶応大学で知り合ったのちの国文学者の加藤守雄《かとうもりお》（1913〜1989）、演劇評論家として活躍する直木賞作家

女子学生に人気があった（著者 40 歳の頃）

の戸板康二《といたやすじ》（1915〜1993）、文芸評論家で文化勲章受章者の山本健吉《やまもとけんきち》（1907〜1988）など、有能な連中が輩出《はいしゅつ》しているよ。

――彼らは慶応ですから、折口先生が慶応で教えられていたときの学生のわけですね。池田弥三郎さんの『私製・折口信夫年譜』には、「二十八日　先生のほか、伊馬春部《いまはるべ》、石上堅《いしがみけん》、米津千之《よねずせんじ》、橘誠《たちばなまこと》、今井武志《いまいたけし》及びわたしの一行七名で、箱根仙石原温泉荘の先生の別荘へ行く」とあります。1946（昭和21）年7月のことです。

国学院の学生時代から「鳥船社」に入り、1947（昭和22）からは折口先生と同居、最期を看取《みと》った歌人の岡野弘彦《おかのひろひこ》さんは、『折口信夫の晩年』で「お茶をいっぱい満たした、先生専用の湯呑《ゆの》みを持って、二階の会場に入っていった。教場のようにがらんとした部屋には先生を真ん中にして、その両脇に石上堅氏、米津千之氏、そして二十人ほどの鳥船社の同人が両側に分かれて席についている」と書いています。

米津　終戦後、間もない頃かな。

――「歌を書くための半紙がなかったのだろうか。あるいは、電灯があまり暗すぎたためだったろうか」と続いているので、その頃の話でしょう。次は、折口先生が亡くなられたとき岡野弘彦さんが詠《よ》んだ歌です。

亡きのちの世を　つばらかに語りいでて　しづけき顔は　キリストに似る

米津　折口先生に対する岡野君の思いがよく伝わってきます。

——岡野さんは前作の『バグダット燃ゆ』に続いて６年ぶりの歌集『美しく愛《かな》しき日本』（角川書店）を来月出すようです。東日本大震災後の日本が時空を越えて描かれているようです。

ところで先生にお聞きしたいんだけど、折口先生が教えている教室には出たんですか？出なかったんですか？

米津　しょっちゅう出てた。最初は筧克彦《かけいかつひこ》先生（１８７２〜１９６１）に「神道学」を学んでいました。キミもよく知っているように、筧先生は、憲法学者であり神道思想家としても大変有名な方でした。筧先生といえば「神《かん》ながらの道」の大家で「筧神道」と言いますね。筧先生は東大を定年退職したあと、国学院大学に来られたんだ。

昔、先生が、葉山町一色の別宅におられたとき訪ねたことがあった。そのとき、一葉《いちよう》の色紙をいただいたんだが、これこそは我が家の宝物で、先生のお写真と一緒に額に入れ今も大切に掲げてある。

「喜ばれる悦び」

――先生は、筧先生を大変尊敬されておられるから、筧先生の精神か倫理か、どちらの教えか知らないけど、先生の勉強する本がみんな質屋に入っていたため、ボクはなけなしの給料で先生が預けてあった折口信夫全集や国歌大観なんかをおろしてきましたよね。

それが、学校勤務を終えて帰ってきたら、もうない。「またあいつが来て、お金がないからって先生に無理を言って、先生から本を借りて質屋に入れたな」と思いました。先生は、どうしてそんなことを許すんですか?

米津　キミはボクのためにしてくれたんだよね。だったら、ボクがしたいことを喜んでくれなきゃ困る。彼（のちの保谷市議会議員・議長）だって、あの頃、飯が食えなかったんだから仕方がないじゃないか。

――平安時代末期から鎌倉時代初期に活躍した禅僧で、臨済宗《りんざいしゅう》の開祖として、また喫茶《きっさ》の習慣を日本に伝えたことでも知られる栄西禅師《えいさいぜんじ》（1141～1215）のお寺に、餓死《がし》寸前の家族が慈悲《じひ》を求めてきました。栄西禅師は、寺に施す物が何もなかったので、薬師《やくし》如来《にょらい》をつくるために備えてあった銅の延べ板を与えます。

帰ってきた弟子たちは、カンカンになって怒ります。

「見ず知らずのお百姓に大事にしまっておいた銅の延べ板を上げてしまうなんてとんでもない！」

それに対して栄西禅師は応《こた》えます。

「仏は身肉手足《しんにくしゅそく》を割《さ》きて衆生《しゅじょう》に施せり」（仏はわが身の肉を割いてでも飢えている人を救う）

さらに、栄西禅師は続けます。

「この行為で地獄に堕《お》ちたとしても、飢えた人を救えたのだから思い残すことはない」

米津　いい話ですね。良寛《りょうかん》さん（１７５８～１８３１）にも心温まるお話があります。正月に、子どもを何人も抱えた母親が、その日暮らしもできなくなって、とうとう良寛さんに助けを求めます。ご自分が貧窮《ひんきゅう》の身である良寛さんは、ふもとの庄屋に手紙をしたためます。「何なりと少々此者《このもの》にお与え下さるべく候」。この母親たちは、餅《もち》をたくさんいただいたそうです。良寛さんの人柄がよく表われた俳句がありますよ。

ぬす人に取り残されし窓の月

ボクの勝手な解釈です。

「盗みに入った泥棒《どろぼう》は、良寛さんの持ち物があまりにもないのに呆《あき》れ果てます。しかし、このまま帰ったのでは泥棒のプライドが許さない。よし、この煎餅布団《せんべいぶとん》でももらっていこう。そのことを感じた良寛さんは、彼が取りやすいように、わざと寝返りを打ちます。残ったのは、窓から見える月だけだった」

こんな草庵《そうあん》まで忍び込まなければならなかった泥棒の境遇を考えて、良寛さんはきっと涙を流したことでしょうね。

――先生が子どもの頃、おばあさんが三輪車を買ってくれたそうですね。先生は、友だちに乗せてあげて、ご自分は後《うし》ろから押してあげていた。それを見たおばあさんは、「どうしておまえが乗らないの？」と訊《き》いたら、「友だちが嬉《うれ》しそうにしているから、それでボクはいいの」と応《こた》えられたそうですね。先生は、子どもの頃から、そういう気質がおありなんですね。

米津　ボクだけが特別ではない。キミだって、だれかにいいことをして喜ばれると嬉しいだろう。これを「喜ばれる悦《よろこ》び」というじゃないか。人間は、だれでも、この心を自然から授かっているんだよ。ただ凡人は、ときどき、その心が曇《くも》ってしまうことがある。

愛弟子の死を嘆き悲しんだ折口先生

――　これはボクの推測ですので、先生がどう思われるか知りませんが、折口先生の一番そばにおられたのが、養子になられた折口春洋《おりくちはるみ》（旧姓・藤井）さんですね。この人が折口先生の直接の一番弟子で、後々は国学院の教授になるはずだったんだけども、途中で戦争に行ったわけですね。

米津　硫黄島《いおうとう》で戦死しちゃった。

――　戸板康二さんの『折口信夫坐談』に「春洋の硫黄島の戦いが終わらぬうち、三月一日だったと思う、夜半に『先生』という声がした。千ちゃん（米津千之）は寝ているし、いやな気がした。気が弱くなっているのだね。私は霊感《れいかん》なんてこと信じないほうだったが」とあります。

アメリカのクリント・イーストウッドという監督が渡辺謙《わたなべけん》を主役にして『硫黄島からの手紙』という映画を制作し大ヒットした。この硫黄島に釈迢空（折口信夫）の歌碑《かひ》がありますね。

たたかひに果てにし人を　かへせとぞ　我はよばむとす　大海にむきて

折口先生のそばにいた人たちはみんな戦争に行っちゃったんでしょ？　池田弥三郎さんや作家・劇作家として活躍することになる伊馬春部さん（１９０８〜１９８４）、文芸評論家の山本健吉《やまもとけんきち》さん（１９０７〜１９８８）もみんな戦争に行っちゃった。先生は、運がいいのか、丙種合格だから戦争には行けなかった。

米津　中学校のときに剣道をやりすぎて肋膜《ろくまく》をやってしまった。大学に入って兵隊検査で「丙種合格だからおまえは兵隊と関係ない」と言われてしまった。

――先生ぐらい運を呼び寄せる人っていないですね。折口先生の近くにだれもいなくなって先生が行くようになったのは、伊馬春部さんに「千ちゃん、行ってくれ」って言われたんでしょ？　そばにいて良かったんですよ。病気で良かったんですよ。病気じゃなかったら折口先生のそばにいられなかった。

米津　伊馬さんの次女の髙崎《たかさき》匡子《くしげこ》さんは、ボクの恩師・中村天風先生（１８７６〜１９６８）が創始された「天風会」の会員である海老原美雪さんに連れられてボクのところへ来た。その後、彼女は、姉の酒井《さかい》梢子《こずえこ》さんと2人で訪ねてきたことがある。

――そのようですね。伊馬さんは、１９４７（昭和22）年にＮＨＫ連続ラジオドラマ『向う三軒両隣り』で人気を博し、放送作家の草分け的存在として知られております。その伊馬さんには３人の娘さんがおられますね。長女が梢子さん、次女が匣子さん、三女が髙崎香春子《かはるこ》さん。

それにしても、変わったお名前ですね。だれが命名されたんでしょうか？

米津　海老原さんは、次女の匣子さんと大の仲良しなんだよ。その関係で、海老原さんから聞いた話では、長女と次女は、折口先生が万葉集の歌からつけてくれたそうだ。伊馬さんは国学院大学で折口先生の「鳥船社」に入っておられたでしょう。伊馬さんの奥さんになる道子さんも「鳥船社」に入っておられて、道子さんが折口先生からいただいた俳号が「香春みち」だった。

三女の香春子さんがお生まれになった頃は、折口先生は既にお亡くなりになっていたので、母の「香春みち」から採《と》って「香春子」と名づけたそうだよ。

――それだけ、伊馬さんご夫婦とも、折口先生をお慕《した》いしておられたんですね。ところで、伊馬春部さんが危篤《きとく》のとき、先生は心配して、群馬県の月夜野温泉の「釈迦《しゃか》の霊泉《れいせん》」の水を送られたそうですね。伊馬さんの奥様が大変感謝されていたそうです。その後、伊馬さんが亡くなられると、奥様をその温泉にお連れしたそうですね。

米津　そういうこともあったかな。

折口先生と弟子との関係

――戦争中は折口先生の家にいることが多かったんですか？

米津　多かったよ。戦争で東京は丸焼けになった。ボクは麻布に住んでいたから焼けなかったんだ。折口先生は大森に住んでいて1人になっちゃったので、大阪からお兄さんが来て手伝ってたんだよ。それで、大変だろうからとボクは伊馬さんに言われて手伝いに行くようになった。

そのうち、みんな戦争から帰ってきて、折口先生のところにいろんな人が出入りするようになったから、ボク1人だけずっといなくてもいいようになった。

――加藤守雄さんは、折口先生と自分のことを赤裸々《せきらら》に書いたため、いろいろ言う人がいましたね。が、加藤さんが、折口先生の学問のことについて書いたもの、ボクは読んだけど、内容が素晴らしい。ボクは折口学を学ぶのに大変勉強になりました。ボクたちが、折口先生の人間性っていうものを知るのにも参考になることをたくさん書かれておられる。

岡野弘彦さんか、池田弥三郎さんのどちらかが書いていましたが、折口先生は本当に加藤さんという弟子を可愛《かわい》がっていたようですね。もちろん、養子となるはずだった折口春洋さんも可愛がっていた。子弟の関係っていうのは、それこそ親子・きょうだいよりも深いもんですね。そういうことがわからなきゃ、やっぱり子弟の関係にはないと思う。「キミとボクとの関係が、信長と森蘭丸《もりらんまる》のようであったと後世に知られてもいいではないか」そういうことを折口先生は加藤さんに言っていたらしい。それでないと、学問の本当は伝わっていかないいんだと。

100歳にしてこの食欲

米津　岡野君なんか、今では国学院の名誉教授ですよ。岡野君が初めて教壇に立ったとき、教室でしゃべらなきゃならないことを折口先生が前の晩徹夜近くして全部書いてくれた。折口先生が書いてくれたのを、岡野君はそれを基にして教室で講義していたという。折口先生は、弟子のためにはそのぐらい一生懸命やったものです。

――日本の国文学には、古事記とか日本書紀とか万葉とかいろいろあります。それを「文献の古典」として、その本がどうやってできたとか、どういう人が書いているかとか、どういう意味があったとかなど、言葉を文字の上からだけ見ていこうとする解釈学のみを本流として離脱できないんでは、真に「伝統的な言語文化を考える」ことにはほど遠い。それらが生まれるためには、たとえば万葉に東歌《あずまうた》があるように、関東地方の東歌があるように、あれはみんな人々が口ずさんでいた土地の歌だったわけでしょう。それを大事に見なければいけない。

それがあるとき、歌を学んだ人はそういうものが身についているから、歌として創っていくわけだ。それが東歌ですね。たとえば、源氏物語《げんじものがたり》にしても、枕草子《まくらのそうし》にしても全部、文献の古典には、その底に「生活の古典」があった。民俗の古典が。つまり、そういうものがあるから、それをあるとき、たとえば紫式部《むらさきしきぶ》や清少納言《せいしょうなごん》が出て来て、頭がいいからいろんな話を全部まとめて1つの自分の創作活動にしちゃったわけです。それを「日本文学の発生（文学発生論）」として、折口先生が提唱された。これは、とても大事なことですね。

ふつうの文献学者は、その文献だけを取り上げて、その文献の時代はどうだったとか、だからこう書かれたとかしか言わない。折口先生は、その文献の生まれるためには、それ以前の長い時代の古代の要素としてこういうことがあったのだということを生活の古典（民俗）と併せて追究された。それを「古代要素」と言われたんでしょう。

そこで、たとえば、学校で昔話をやる、要するに伝統的言語文化を子どもたちの学習として教えなきゃいけないということを言ってますが、昔話を読み聞かせてやろうとか、昔話にこういう人が出てきて、こういう面白いお話です、とそういうことはやらないよりはいいですよ、やったほうが。だけど本当は、教える先生は、その昔話と日本の古代の生活がどういう関係にあったかということを、「生活の古典」とどういう関係にあったかということを知らないと、昔話を本当に子どもたちに語って聞かせたことにはならない。

たとえば狐《きつね》の話がたくさんありますよね。ちゃんと生活の古典があるんですよ。町のあちこちにお稲荷様《いなり》が一杯あるじゃないですか。東京だけで３００余りもあるんだから。大きなお稲荷さんだけだってかなりの数ある。

米津　キミんちだってあるじゃないか。

――はい、そうです。今、住んでいるところが家内の家、四谷の於岩稲荷《おいわいなり》田宮神社で私はそこの神官ですから。ところで、ボクは先生に以前から折口先生について書いてほしい、とお願いしていますが、書いていただけませんね。だって折口先生の一時期のことは先生が一番よく知っているんだろうけど、書いてくれませんね。

米津　さしさわりがあるからね、生きている人にね。

――加藤守雄さんも、余計なこと書かなくたって良かったんですよね。でも、岡野弘彦先生は偉かったですね。加藤さんをかばっていますね。ボクは今、岡野先生の本を読んでいますが、とてもいいですよ。

米津　やっぱり折口先生の薫陶《くんとう》を受けているからね。

「キミの勇気を待つのみだよ」

――折口先生は、一言で言えば、どんな方だったですか？

米津　折口先生の一番偉いところは、まず人柄が高い。その次に詩人なんです。その次が学者ですね。ところが、学者でも天下一と言われるんだから凄《すご》い。でも、折口先生の人間が立派だってことは知る人が少ないね。

――戦時中、折口先生が陸軍を叱《しか》ったという話がありますね。

米津　あのときは、ボクも一緒にいたからよく知ってる。文学報告会の席だった。東京が焼け野原になったあとで、トタンや何かが出てきた。そうしたら軍人が怒《おこ》って「そういう物は供出《きょうしゅつ》しろと言ったのに供出しないから、これは天が東京の街を焼いたんだ！」と言った。屋根をふいたトタンなんか弾《たま》になるわけもないのに。

そこで、折口先生が怒って、「宮城《きゅうじょう》まで焼いた火を天のしたこと、だなんてとんでもないことを言うな！」と厳しく軍人を叱ったんです。

――当時の軍人を叱れるなんて、人間の器《うつわ》が違いますね。

米津　ボク個人の思い出としては、「勇気」とはどういうものかを教えられたのが印象に残っています。勇気は肚《はら》から出るものなんです。あるとき、箱根で歌会があった。ボクは当時、豊島師範の教官でしたから、出張するには面倒な手続きなんかが必要だった。

それで、学校の行事が忙しかったもので歌会に欠席してしまったことがある。そのとき、先生に、こう言われました。

「キミは官吏《かんり》としての責任を果たしていたので、それは立派なことだ。私は何もそれについて言うことはない。ただ一つ、キミの勇気を待つのみだよ」

――ワッハッハ。それは面白い。勇気ですか。

米津　勇気と言われて、そのとき吉田松陰《よしだしょういん》（1830～1859）の偉さがはっきりとわかりました。幕府が禁止していることでも、日本のために必要であると信じたら断固としてやる。人生には、だれでもそういうときが必ずあるんですね。

――吉田松陰の歌です。

かくすればかくなるものと知りながら止むに止まれぬ大和魂

自分がやろうとしていることが大変な結果を招くと知りながら、それでも「やろう！」という強い意志ですね。

米津　勇気は肚の底から出ます。そういう人間を今は養っていませんね。勇気は、人間の本心・良心つまり霊性心から出てくるものです。

――まったくそのとおりです。ボクが校長をやっていた頃、先生にはよく叱られました。「おまえは真面目《まじめ》な校長でよくやっているから後《うし》ろ指を指されることもない。だけど、それは公務員レベルの当たり前のことであって、別のレベルで言えば、人生には決められた仕事以外にもっと大事なこともある。ときには公務じゃないことを優先させて、そちらをやらなきゃならない場合もある。しかし、それをするには勇気がいる」と。

米津　折口先生には、こうも言われました。

「公務に追われて人間的に魅力の乏しい教師になってしまうな。勇気をもって自分に投資して、チャンスを逃《のが》さず人間的勉強をしろ」

どこまでも「清らか」だった折口先生

――先生は、どこまでも折口先生を尊敬しておられますね。どこが、良かったですか？

米津　やはり「清らかな」ところかな。

――宗教学者の中沢新一《なかざわしんいち》が『古代から来た未来人　折口信夫』（ちくまプリマー新書）で「折口さんは、ほんとの古代人だ」と書いていますね。

は。折口先生は「古代人の思想の復元」を試みられたのだと思っています。同じ宗教学者の山折哲雄《やまおりてつお》も書いているが、中沢はもっと突っ込んで深く書いている。

「折口信夫のような奇跡的な学問をなんとかして自分でもつくってみたい。それが私をこれまで突き動かしてきた夢だったような気がします」

ところで、折口先生は、常の世と書いて「常世」（とこよ）という言葉がすごく好きだったそうですね。

米津　折口先生は「とこよ」について語っていますが、弟子に子どもが産まれると「とこよ」、1年後にまた産まれると、忘れちゃうんじゃないかな、また「とこよ」とつけていたね。それも男・女関係なくだからね。つけられるほうはたまったもんじゃない（笑い）。

――今、またあらためて折口先生や柳田先生の全集とか、池田弥三郎さんや加藤守雄さんとか岡野弘彦さんの書いたものみんな読んでるけど、いやぁ、実に面白い！　歌など書いたことのないボクが歌も少しずつわかってきました。

そこで、先生に尋ねたいと思っていることが1つあります。折口先生の歌にあるときから句点《くてん》（。）がついたりする。短歌に句読点《くとうてん》がつくなんておかしいと言われたときに。そのことについて今度、先生のお宅でやっている「ことだまの道の研修」のときに、先生の東京学芸大学の教え子の森田久美子なんかにボクの考えを言ってやろうと思っています。

米津　森田とのつきあいも61年になるなあ。

――折口先生の有名な歌でこういうのがありますね。

くずの花踏みしだかれて色あたらし。このやまみちをいきし人あり

色あたらし　で句点（。）になっている。そこでイマジネーションの飛躍を図っているのではないか。

やっぱり、くずの花はいいな。「踏みしだかれて色あたらし。」これは、叙景です。そのあとに、「このやまみちをいきし人あり」ここに思念があって歴史になり思想になるでしょ。歴史が動いている。ボクはそれを「イマジネーションの飛躍」ということで学びましたが、そういうことがわかってきた。不勉強なボク、やっと、この歳になって。そうすると折口先生の歌というのは、たんなる叙景じゃないんですね。やっぱり思想なんですね。

米津　「歌が書けなきゃ万葉集や古今集とかわかんないっていうのは嘘《うそ》です。歌は書けなくてもちゃんとわかります。だから歌をやんなきゃいけないと思っちゃいけませんよ」と折口先生は学生たちに講義してたね。それを聴いて学生たちも安心していた。

——感性の問題ですからね。詩人の三好達治《みよしたつじ》（1900〜1964）も、「詩を読み詩を愛する者は既に詩人であります」と言ってますよ。「ああそうか、だれでもみんな詩人なんだ」って安心するんですよね。

今、金子みすゞ（1903〜1930）の詩が読まれてるでしょ。金子みすずの詩も、「イマジネーションの飛躍」が見どころです。見事なイマジネーションの飛躍・展開があります。たとえば、『大漁《たいりょう》』では、大羽鰮《おおばいわし》の　大漁だ。そこまでは叙景です。そこから一変して、「海のなかでは　何万の　鰮《いわし》のとむらい　するだろう。」と、そういう「イマジネーションの飛躍」がいいんですね。

それを西条《さいじょう》八十《やそ》（１８９２〜１９７０）が「若き童謡詩人の巨星」と絶賛した。西条八十の優《すぐ》れた歌には、流行歌にでも軍歌にでも最後の４行目のところにイマジネーションの飛躍・展開がありますよ。

折口先生と関東大震災

米津　折口先生にしょっちゅう叱られたボクの歌がある。

　叱られて叱られて歩む旅の空　師のかげ我がかげただ二つのみ

――それ、いいですね。その歌、ボクは知らなかった。

これやっぱり、歩む旅の空　で句読点が入って切れてるんですよ。そのあと、ちょっと思い直して師のかげ我がかげただ二つのみ　ってこういうふうに、今度は思念だね。思索・思念ですよ。
ところで、話ががらっと変わって（笑い）、タモリがよくテレビで「ハチ公見た人はもういないだろう」って話をするからね。「ここにいるよ」とタモリに教えてあげたら喜ぶだろうね。

米津　ボクは、ハチ公をずっと見ていたよ。

――１９２３（大正12）年９月１日の関東大震災に遭《あ》った人も少なくなったでしょうが、この震災と同じ年に生まれた「忠犬ハチ公」を知っている人も、もう少なくなっているでしょうね。

米津　ああ、ボクの体験は貴重だね。毎日会っていたよ。初めは白い犬がチョロチョロしているなと思っていたけど。

――先生は国学院に通学するときに渋谷を通って行かれたんですよね。ハチ公はどのあたりに座ってたんですか？

米津　恵比寿《えびす》寄りの改札口によくいたね。最後のほうではホームにまで入ってきたよ。ホームの真ん中にいたときはちょっとびっくりしたけどね。ハチ公が階段を上がってくると、みんな避《さ》けてあげてたもんだ。

研究に没頭していた頃（50 歳）

――駅員さんも乗客も、事情がわかっていたから寛大だったんでしょうね。

米津　たまに道玄坂を歩いていてハチ公に出会ったこともある。ボクには挨拶しなかったな（笑い）。

――ワッハッハ。先生から挨拶しないとだめですよ。飼い主のご自宅が道玄坂あたりだったんですかね。

米津　さあ、どうかな。

――たまには撫《な》でたりしてあげたんですか？

米津　そんなことしないよ。下手したら噛《か》み付かれてしまう。それほど立派な体格をしていた。芯はおとなしいらしい。だれも食いつかれた人なんていなかった。

――みんな、やさしい心を持っているんですね。アメリカで映画『ＨＡＣＨＩ』が制作されましたが、主演のリチャード・ギアは、脚本を読んで号泣《ごうきゅう》したそうです。当たり前のことですが、日本人に限らず、どこの国の人もみんなやさしい心を持っているんですね。「東日本大震災」からちょうど1年になりますが、各国の方々から支援していただきました。ユダヤ系ドイツ人哲学者のアドルノ（１９０３～１９６９）は「アウシュヴィッツ以後、詩を書くことは野蛮《やばん》である」と言ったそうです。

米津　恩師・折口先生は、関東大震災の焼け跡を歩いて次のような詩をつくっています。

「あゝ愉快と　言つてのけようか。／一擧《いっきょ》になくなつちまつた。」

（2012年3月）

第3話

「オーケストラで日本を追求した」

渡辺浦人

渡辺君とコンビで「園歌」を手がける

――先生のご友人は、作家から詩人、作曲家、画家、俳優など、多士済々《たしさいさい》ですが、その中から先生とボクと共通の方2人、作曲家の渡辺浦人《わたなべうらと》先生（1909〜1994）と詩人のサトウ・ハチロー先生（1903〜1973）を選んでお話を伺いたいと思います。

まずは、渡辺先生ですが、渡辺先生も先生も子どもの頃から賛美歌に親しんでおられました。

米津　そうです。渡辺君は、賛美歌を通して音楽に目覚《めざ》めたようですね。彼は付属小学校から師範学校に入った。そうしたら、そこにオーケストラがあったそうです。

――その頃、オーケストラのある学校なんて数少なかったですから、渡辺先生は狂喜《きょうき》のあまり小躍《こおど》りしたそうです。

米津　彼は当時、鉄棒の選手だったようですね。そんなことから「キミ、卒業したら体操の先生になりなさい」と体育教師から言われていたようです。しかし、彼は「体操では年齢が限られるが、音楽なら一生飯が食えるかもしれない」と思って音楽の道を選んだ。そこで、さっそくオーケストラに入り、バイオリンを弾《ひ》いて、やがて指揮者の道を歩むことになる。

――それから上野の音楽学校に行かれたが、作曲科がなかったそうですね。「作曲？おまえたちが作曲するなんてとんでもない！　西洋に腐《くさ》るほど作品が唸《うな》ってるんだから、それを演奏してればいいんだ！」と教授から怒《おこ》られてしまったそうです。

米津　「日本人が作曲するなんて生意気だ！」（笑い）。

――そういうことです。西洋の真似《まね》をするだけで精一杯だと。考えてみれば、音楽に限らず当時は、大学で哲学を学ぶとしても、ギリシャ哲学から始まってプラトン、ヘーゲル、カントなど、向こうのものばかりでしたね。日本のものは特殊なもの、普遍性のないものとして、低く見られちゃう傾向がありますものね。

米津　現代でも、昔とそんなに変わらないのではないのかね。日本の哲学者は、外国の翻《ほん》訳《やく》ばかりやっている。梅原猛《うめはらたけし》みたいな創造的な哲学者もいることはいるけど。

――そうですね。ところで、先生は、幼稚園の園歌や小学校の校歌の作詩もたくさん手がけておられます。

米津　昭和40年頃だったと思うが、元国学院大学教授の戸田義雄《とだよしお》さんから小金井幼稚園の園歌の相談を受けた。

「だれに作詞を依頼しようか？」

「希望としては、どんな趣旨をもりますか？」

「日本精神のこもったものがいいです」

「それならボクが適任でしょう」

ということで引き受けたわけです。

作詞はすぐ出来上がりましたので、さっそく友人の渡辺君に作曲を依頼し、行進曲風に、間奏曲までつくってもらい、それをドーナツ盤で２００枚レコーディングしていただいた。彼には今でも感謝しています。


――「ふじがみえます……」で始まりますが、先生の園歌は、富士山が見えない幼稚園の園歌でも、どういうわけか、この歌詞から始まりますね（笑い）。

ボクも幼稚園園歌を４本書きました。作曲は、渡辺先生と山本直純《やまもとなおずみ》さん（１９３２～２００２）、直純さんの長男山本純《やまもとじゅん》ノ介《のすけ》さんに頼みました。昨日も一昨日も、園歌をボクがつくった幼稚園の卒園式で歌ってきたばかりです。

先生はボクなんか比べものにならないほどたくさん書かれていますよね。それはどうしてかと言うと、渡辺先生は、豊島師範学校（のちの東京第二師範学校）を出ていますから、渡辺先生のお友だちは学校の先生が圧倒的に多い。戦後新しい学校がたくさんできた。そこへ渡辺先生の友だちが校長になって行く。そうすると校歌がないから、渡辺先生に「校歌をつくってもらえないか」と注文がくる。ほかに頼むと高いから、「渡辺なら昔の誼《よしみ》で安くやってくれるだろう」と。そうすると次は、「安い詩人がいる」と。

米津 ボクのところへくるわけだ（笑い）。校歌をたくさん作詩させてもらうなんてありがたいことだ。作詩料なんて問題外だった。

――多くの校歌がお2人の奉仕の精神で生まれたわけですね。

ヤクザの親分にスゴまれた

――思い返すと、ボクが東京第二師範学校（旧豊島師範）の学生の頃、渡辺先生が小学校の音楽教師をしていらして、よくお手伝いに行ったものです。

米津 どんなお手伝いをしたの？

――児童文化のための人形劇や紙芝居《かみしばい》をやりに行きました。その後、師範学校を卒業してすぐ、渡辺先生がおられた小学校へ勤めました。

米津 いつ頃の話だったかな。

―― 昭和23、4年頃です。終戦間もない頃で、渡辺先生はNHKの子供番組や学校放送などの音楽を担当されていました。それと併せて劇団をつくって子どもを指導し、放送劇に子どもを出すようにしたんです。

そのときに渡辺先生が音楽をやられ、ボクは劇団の1人として放送に出たり、子どもたちを指導したりしたわけです。その頃、三越劇場や読売ホール、早稲田大学大隈講堂などでも公演しました。

米津 キミも渡辺君とは深いつきあいだったんだね。

―― 終戦間もない頃ですから、疎開児童の慰問《いもん》で地方を回ったり、寺の境内《けいだい》で芝居を始めたら、渡辺先生は地元の親分に脅《おど》されたそうです。

「俺んところに挨拶も来ないとはどういう了見《りょうけん》だ！」

「児童を喜ばせるためにやっていますので、どうか、ご勘弁《かんべん》ください」

そうしたら、親分は手の平《ひら》を返したように協力してくれたそうです。

米津 親分にも情があったんだよ。

―― 先生は劇の脚本をいくつも書いてますよね。そのほとんどをボクが演出している。それも全部、渡辺さんの音楽がついてますから贅沢《ぜいたく》なもんです。

米津　昨年もボクの「白寿《はくじゅ》の会」で『石ころじいさん』を天風会の海老原美雪さんや本西紘史君などが中心になってやってくれた。

――学校の校歌で、渡辺浦人作曲、米津千之作詩、というのもけっこうあるんですね。

米津　数えたことないけど、かなりあるな。

芸術一家の渡辺君

――先生もよくご存知のように、渡辺先生は、作曲家として交響組曲『野人』などの作曲で世界的にも知られる大きな存在になられる過程で、児童文化の総合的活動も長く続けて来られました。「八丈島に渡り、山の中で自然に囲まれて音楽を楽しんだ思い出は忘れられない」と述懐《じゅっかい》されておりましたが、渡辺先生は、文化的恩恵に浴《よく》することの少ない地域に、そうした文化を届けたいという教育的情熱にあふれていました。

米津　渡辺君は、東京都教員管弦楽団というのをつくって、そこの常任指揮者を18年間も務めたんだったね。彼は、指揮者でもあり作曲家でもあった。

――渡辺先生は「ほとんど全国を回った」と言っておりました。春と秋には日比谷で大演奏会を開くと、N響なんかが応援に来たりした。山本直純君とかの音楽家がみな、渡辺先生の門下生なものだから、音楽学校の生徒たちがこぞって応援に来てくれた。

山本直純と言っても、今の若い人たちが知っているかどうかわかりませんが、「大きいことはいいことだ」のCMと髭《ひげ》を生やした独特のキャラクターで、クラシックファンでない方にも広く知られるようになりましたね。フーテンの「寅さん」映画48篇の音楽作曲では知らない人はいない。

米津　渡辺君は、山本直純とか、その仲間たちにずいぶん写譜《しゃふ》や演奏会の手伝いをしてもらったようですね。

――　写譜というのは、渡辺先生が元になる楽譜を書くと、それを各楽器ごとにパートに分けて写す必要があるわけですね。そういう仕事を彼らがアルバイトでやった。そうやって彼らは実地でいい勉強をしたのだと思います。

米津　彼の長男の岳夫《たけお》君（１９３３〜１９８９）は、経済学部出なもんだから楽譜を読めなかったそうですが、お父さんの楽譜の写譜を手伝っているうちに音楽に目覚めたそうですね。

――　テレビドラマの作曲者になって、『巨人の星』『アルプスの少女ハイジ』『機動戦士ガンダム』『燃えよ剣』『白い巨塔』『非情のライセンス』『緋牡丹お龍』など有名な曲を1万曲を超えるほどつくって、大人や子どもたちの心を上手《うま》くつかみました。その他、時代劇映画の映画音楽もたくさん手がけたりしましたが、惜しくも56歳という若さで亡くなられました。

渡辺先生の長女の浩子《ひろこ》さん（1935～1998）も、お父さんの楽譜の写譜のお手伝いをされていました。彼女も大変な才媛《さいえん》で、早大在学中に学生劇団『自由舞台』で演出を担当され、1959（昭和34）年に劇団民芸に入団された。

その後、彼女は、劇団民芸の女流演出家として『ゴトーを待ちながら』（日本で初めて）など内外の作品をたくさん手がけて高い評価を受け、渡辺先生も非常に喜んでいましたが、残念ながら60代の若さで亡くなられた。

浩子さんは、ボクらから見ても、本当に素敵《すてき》な方でした。彼女と結婚したがってた連中は何人もいましたからね。ボクらの憧《あこが》れの的でした。

米津 キミもよく知っている秋元和子さんは、ボクの恩師である中村天風先生（1876～1968）の教えで始めた「練馬芋洗い塾」のまとめ役で、ボクの身の回りもときどき見てくれているんだが、彼女は剣道五段の腕前《うでまえ》だろう。渡辺君のひ孫も彼女のところで剣道を教わっているそうだよ。

——そうですか。ひ孫さんがね。それは知りませんでした。縁とは本当に不思議なもんですね。渡辺一家は、知る人ぞ知る芸術ファミリーで、夫人のたかねさんは作家、子どもたちは、岳夫さんや浩子さんのほかにも声楽家（次女）あり、ハープ奏者（三女）、造型芸術家（四女）ありで、そのゴッドファーザーが渡辺先生というわけですね（笑い）。

「日本人とは何か？」が作曲の原点

——渡辺先生から聞いた話です。映画監督の山本嘉次郎《やまもとかじろう》さん（1902〜1974）が、あるとき青年教師の渡辺先生が写譜しているのを見て、「ちょっと見ただけでたくさんの音符を正確に写し取るなんて凄い！」と感心していたそうです。

「その写譜が音楽の一番いい勉強になるんです」と渡辺先生はよくボクに言われました。

米津　その典型が山本直純というわけだ。渡辺君は、映画音楽を数百本つくっている。校歌にいたっては何百あるか数えられないでしょう。

——渡辺先生に「作曲の基本理念はなんですか？」と訊《たず》ねたところ、「それは、もう、日本人とは何か？ ということだよ」と言われました。

「かつての日本人はみんな中国の真似《まね》をしてきた。孔子《こうし》や孟子《もうし》の勉強。それとインドの仏教。その後、今度は、文明開化になると欧米の文化一辺倒。いつも外国のあとばかり追っている。これでは、どこに本来の日本人がいますか？ 日本全国探して歩いたが、最後に行き着いた先は岩手県だった」

米津 『遠野《とおの》物語』の遠野ですね。

―― 渡辺先生は、詩人で童話作家の宮沢賢治《みやざわけんじ》（1896〜1933）、詩人の石川啄木《いしかわたくぼく》（1886〜1912）、版画家の棟方志功《むなかたしこう》（1903〜1975）などの顔が心に浮かんできたそうです。「この人たちが本当の日本人なんだな」と思ったそうです。「山の中に入って行くと、仏教でも神道でもない、土俗的な神が信仰されていた。柳田国男や折口信夫の世界ですね。ここに初めて、外国かぶれでない日本人の原点を見た気がした」と言われました。

米津 宮沢賢治といえば、思い出すことがある。

ある日、ボクの家に男子学生が遊びにきた。

「先生、宮沢賢治ってすてきですね」

「キミもそう思うか。ボクもそう思う」

「先生もそうですか。うれしい」

「それじゃ、ボクと一緒に宮沢賢治みたいな人になろうよ」

「それは、とてもできません！」

「でも、キミは大好きなんだろう。それなら、なろうではないか」

「それはできません」

「なぜ？　キミは賢治のどこが好きなのか」

「『雨ニモマケズ』の詩です」

「ボクもあの詩は素晴らしいと思う。あの詩のような人になろうよ」

「でも……私には……」

「それなら聞こう。キミは、雨ニモマケテ風ニモマケル弱イカラダを持ちたいのかい」

「そんなことは、ありません」

「それなら賢治と同じではないか。欲バリデイツモプンプン怒っているのかい」

「いや、違います」

「それなら賢治と同じではないか。キミは、東ニ病気ノコドモアレバ、行ッテ看病してやらないのかい」

「いや、違います」

「西ニツカレタ母アレバ、行ッテ稲の束を負ってやらないのかい」

「いや、違います。私は電車の中では老人に席を譲ります」

「そうだろう。南ニ死ニサウナ人アレバ行ッテお前はもう駄目だと言うのかい」

「いや、やさしく、なぐさめます」

「北ニケンカヤソショウガアレバ、面白いからどんどんやれと言うのかい」

「いや、とんでもない！」

「それなら、キミは賢治とまったく同じではないか。賢治は謙遜《けんそん》しながら、サウイウモノニワタシハナリタイ、と言っているが、これは人間ならだれしもしたいことだし、考えてみると、一番やさしいことかもしれないよ。

ただ、食っちゃ寝、起きちゃたれ、その繰り返しだけで人生を過ごすなんて、とてもできるものではない。人間らしく暮らすのが一番やさしいのだ」

その学生は、「本当にそうでした。今日から考えを改めます」と言って、見るからに颯《さっ》爽《そう》とした顔つきになって帰ったことを昨日のように覚えている。

ボクは、この詩を渡辺君に頼んで作曲してもらい、楽譜をたくさんつくって、学生や友人たちに配ったもんだ。

「あなたでなければできない音楽」

――そうでしたね。先生もご存知のように、さっきも紹介したように、渡辺先生は1941（昭和16）年に、今でも世界的に有名な『野人』という交響組曲を作曲されました。これは、毎日コンクール首席入選で作曲部門初の文部大臣賞を受けられた作品です。

渡辺先生から聞いたお話では、あの作品は、「日本人の原点を表わしたものだ」と、次のように語ってくれました。

「当時、ソ連からチェルプニン（1899～1977）という一流の作曲家が東京へ来たとき、多くの日本の作曲家が曲を聴いてもらった。チェルプニンはそれらをことごとく否定して、全部西洋音楽の真似《まね》だと酷評した。そんなものではなく、キミたち日本人の持っている本当の音楽を聴かせてくれと言った。

だいたい、音楽学校が悪いんだよ。ドイツ人から習っているだけだろう。どこに日本独自のものがありますか。そこで、ボクの『野人』を聴いてもらった。チェルプニンは本物の作曲家です。『これだ、これがいい！』と叫びました。『日本人のあなたでなければできない音楽だからいいのです』と言ってくれました。やはり、日本人は、自分の国を野蛮国と思って、バッハ（1685～1750）やベートーベン（1770～1827）の真似をすればいいと思っているうちはだめです」

米津 どんなにベートーベンの真似をしてもベートーベンにかないっこない。でも、『野人』は、ベートーベンでさえも作曲できない。渡辺君でないと（笑い）。

当時、日本は野蛮国だから西洋の一流のものをなんでも真似しよう、という時代風潮でしたからね。渡辺君は、それが我慢ならなかった。彼は、西洋にはない日本の美しさをよく知っていましたから。

―― それで、渡辺先生は、日本民族音楽協会会長もされておいでだったんですね。

米津 渡辺君は、「音楽は民族の原始から出発することによって世界化する」と言ってましたね。

―― 渡辺先生の独唱曲『永訣の朝』や先生が依頼された合唱曲『雨ニモマケズ』には、宮沢賢治に寄せる純粋な思いがよく表われています。交響組曲『源氏物語』や『津軽』、あるいは交響詩『日本太鼓』『宮本武蔵』やオペラ『大伴家持』など、日本人の原点を追及した音楽には素晴らしいものがあり、数々の賞も取られ、日本人の作曲したものとしては例外的な演奏回数の多さで知られています。やはり、世界に通用する音楽であるためには、外国の真似ではだめなんですね。

「板を噛んで振動を聴いた」ベートーベン

――ベートーベンが出ましたので話がちょっとそれますが、難聴に苦しんで命を絶《た》とうとしていたときに自分に向かって叫んだ言葉があります。「勇気を出せ。たとえ肉体にいかなる欠点があろうとも、我が魂はこれに打ち克《か》たねばならぬ」

米津　天風先生の「たとえ身に病《やまい》があっても、心まで病《や》ますまい」と似ていますね。やはり天才は同じことを考える。

――これは、芥川賞作家で僧侶の玄侑宗久《げんゆうそうきゅう》さんが語っていましたが、ベートーベンが聴いていたプレイヤーが残っていて、ターンテーブルの下の板に歯形がしっかり残っているそうです。

米津　それは、どういうこと？

――耳が聴こえないから、板を噛《か》んで、そこに伝わってくる振動で聴いていたようです。

米津 本当ですか？ それは、驚くべきことですね。全盲の若きピアニスト辻井伸行《つじいのぶゆき》さんにも感動しましたが、その話には勇気づけられますね。

ところで、キミは渡辺君のところで写譜はやらなかったの？

―― やりませんでした。撮り終えた映画フィルムの検尺というのをやっていました。

米津 「ケンジャク？」

―― 検尺というのはですね、テレビドラマや映画の、何分何秒までがチャンバラで、何分で人が何人斬《き》られるとか、いつ場面が変わるとかを、台本とフィルムで時間を計って情景を説明して渡辺先生に渡すんです。

米津 渡辺君は、それに合わせて音楽をつくるわけだ。テレビドラマや映画は、音楽によってずいぶん印象が違ってくるから責任重大ですね。ドラマの中身はすっかり忘れていても、音楽だけはいつまでも心に残っていたりする。

―― 今思えば、あの頃、ボクも写譜をやっていれば良かった。山本直純君なんか、本番前に渡辺先生の代わりに指揮したり、写譜をせっせとやったりしたおかげで、大音楽家になりましたからね（笑い）。

米津 当時は、なんでもできないと飯が食えなかったからね。不器用な人は貧乏してました。ボクのところにも、いろんな人が無心に来たりしてた。

――先生はやさしいから、周りの者たちが甘えるんですよ。

日本民族の力を表現した『野人』

米津　渡辺君は、音楽をつくるとき、どうやっていたのかな。

――頭の中でやっていたそうです。ドレミファソラシドの鍵盤《けんばん》などには頼らない。頭の中で音が聴こえちゃうから楽器は手に取らなくてもいいんだそうです。山本直純君なんかもそうだったようです。

米津　それは凄《すご》い！　手品みたいに見る見るうちに楽譜が書けちゃうんだ。才能のある人は、やはり違うね。

――『野人』なんか凄い迫力ですよね。「オーケストラで日本人の原点を」という渡辺先生の狙いが力強く伝わってきます。スケールが実に大きい！　ＮＨＫ大河ドラマのテーマ音楽などに、日本的印象の秀作がいくつかありますが、その原型は渡辺先生の『野人』だったのでは、という感じがします。

渡辺先生は、「第一楽章は頭でつくり、第二楽章は胸でつくり、第三楽章は歩きながら足でつくり、日本人にわかるようにつくった」と言っておられました。

米津　いい音《おと》です。心洗われます。しかも力強い。日本民族の力を表わしている。日本主義的ロマンチズムだね。

――渡辺先生は当時、「洋魂洋才《ようこんようさい》」になってしまってはいないかと非常に心配していましたね。

米津　日本のアイデンティティーがないということですね。欧米の物真似だけでは文化の創造はできないということだ。

――渡辺先生が言われるには、日常生活で和服では不便なので洋服を着るのと同じで、音楽でもバイオリンやクラリネットやトロンボーンはいい音を出せる便利な道具だから大いにこれは活用しなければつまらない。いくら日本だからといって、いつまでも駕籠《かご》に乗って移動するわけにはいかない。今時、銀座をワラジで歩く人はいないでしょう。しかし、「和魂洋才」がいつの間にか「洋魂洋才」になってしまっている、というわけです。

米津　日本は明治以後の西洋一辺倒から、戦後はアメリカ志向でずっときた。渡辺君が鋭く指摘していたように、日本はやっぱり原点に戻って「日本とはなんだろう？」というところに根ざした本物の文化、外国の亜流でない芸術・思想・生き方が、今まさに求められているのではないか。

「子どもたちにいい音を聴かせたい」

――渡辺先生の着眼点には天才的なものがありましたね。ところで渡辺先生は、「太鼓《たいこ》は、日本人が昔から上手《うま》かった。日本は誕生以来、太鼓ですよ」とも言われました。

米津 渡辺君は当然、八丈太鼓も観察したんだろうね。あちらの太鼓は、1対1で叩く勇《ゆう》壮《そう》なものだそうだから、現代の若者の心も十分ゆさぶることができるでしょうね。ボクの知り合いの話だと「感動で涙が止まらなかった」とまで言ってましたから。

――渡辺先生は、「太鼓には楽譜は要《い》らない、すべて耳です」とも言われました。ドレミファソラシドなんて鍵盤《けんばん》にとらわれること自体が西洋流なんだと。だから、渡辺先生は頭の中で作曲してしまう。ピアノなどには頼らないわけです。そうしないと、本当に日本的な音楽は発想できないと、次のように語っていました。

「ボクのしていることは、日本人の心を音に移すことだから、鍵盤や楽譜は二の次なんです。八丈島の太鼓を聴いてごらんなさい。みなさんは、テレビドラマや映画などで『八丈島に遠島を申し付ける』などという場面を見させられているものだから、凶暴な人間が流されていると思うかもしれないが、実際は、関ケ原の戦いの宇喜多秀家《うきたひでいえ》（１５７３〜１６５５）みたいな優秀な政治犯が多く流された島だから、彼らは太鼓で政治批判でもなんでもやった。そのエネルギーがものすごい！」

米津 渡辺君は、日本童謡協会や金の鳥音楽協会の指導（今でも続いている日曜日のＴＢＳの子ども音楽コンクールの初めからの審査委員）もしていましたね。子どもの音楽教育についても情熱を傾けられた。

――渡辺先生は、「子どもにはいい音を聴かせたい。自然の風の音や波の音もいいね。にごりのない音はいい音です。雨だれとかね。野に咲く花とか、温かい友情とか、季節の中の自然の美しさとかを素直に歌ってほしい」と最後まで言われていましたね。

米津 日本は四季に恵まれているので、農民は風や雨などの自然の音を聞いて、農作業の準備をしたものです。

――ブルースの女王と言われた淡谷《あわや》のり子さん（１９０７〜１９９９）は、学生時代の恩師・久保田稲子先生から言われた「五線譜の音符だけが音楽ではありません。谷のせせらぎも風の音も音楽と聴こえる耳を養いなさい」という言葉を生涯忘れなかったそうです。

米津 英国の詩人・バイロン（１７８８〜１８２４）は、「耳を開くならば、森羅万象がすべて音楽に聴こえる」と言っているよ。

――和楽器は自然の音と似ていると言われているそうです。たとえば、バイオリンの波形は規則的だそうですが、三味線の波形は不規則で滝の波形と似ているそうです。かすれ・ゆらぎの不規則な音だそうです。そのため、和楽器は聴いていて心地良いのでしょうね。

いつか課外授業で清流を聴いていた男の子が「何かの演奏を聴いているような気がする」と言ってました。この男児の言葉を渡辺先生が聞かれたらどんなに喜ぶことか。

（2012年3月）

第4話

「どこまでも自由奔放だった」

サトウ・ハチロー

先生との運命的な出会い

米津　キミと初めて会ったのはいつ頃だったかな？

――　実は、ボクは中央大法科を1週間で退学しました。『家に三男二女あり』という戦時中の映画の題名と同じ5人の子どもがあり、親父の給料が少なくなって月謝が払えなくなった。そんなとき、新聞を見たら「第二師範補欠募集」とありました。昔の豊島師範ですね。「これだ！」と思って1946（昭和21）年7月から第二師範学校に入りました。

そこの先輩に宮本卓《みやもとたく》さんがいました。宮本さんは、長嶋茂雄《ながしましげお》が巨人軍に入団する前から相談相手をなさっており、プライベート・アシスタントと言われていた方です。この人がまた芸能界に詳《くわ》しい方だった。師範学校の学生時代から映画に出たりしていた。

米津　キミが入学して児童文化部に入ったら、そこの部長がボク、キャプテンが宮本君だった（笑い）。

――　ワッハッハ。お2人とは運命的な出会いでした。それから一生のおつきあいが始まることになります。ボクは、宮本さんとよく一緒に行動し、『水戸黄門』などで脚光を浴びた西村晃《にしむらこう》さん（1923～1997）、「新劇の神様」と称された滝沢修《たきざわおさむ》さん（1906

〜2000）、夏川静江《なつかわしずえ》さん（1909〜1999）など俳優や、教育者の森戸辰男《もりとたつお》さん（1888〜1984）、『放浪記』で有名な作家の林芙美子《はやしふみこ》さん（1903〜1951）、ロシア文学者として数々の名訳を著《あら》わした米川正夫《よねかわまさお》さん（1891〜1965）などと知己《ちき》を得たのはラッキーでした。

米津　キミの女房の叔父さんの師匠だった洋画家の大沢昌助《おおさわしょうすけ》さん（1903〜1997）にもお世話になっただろう。

——　ほかにも有名な画家の先生方には、当時は本がなかったものだから、ボクらが始めた「壁新聞」の絵を描《か》いていただきました。あの時代は、若くて理想があったからだれもが一生懸命でした。宮本さんは軍隊で共産党の上田耕一郎《うえだこういちろう》さん（1927〜2008）と一緒だったし、原爆の絵で有名な赤松俊子《あかまつとしこ》さん（1912〜2000）の家に出入りしていて、絵本作家の岩崎《いわさき》ちひろさん（1918〜1974）の妹さんとの縁談までありました。

米津　キミたちは、世の中を変えて、浮浪児のいない社会にしたいという情熱に燃えていたね。だから、貧乏だけれど気概は旺盛だった。

——　先生のところへ児童文化部のボクたちが押しかけると、腹一杯食べさせてやろうという親心から、本をかなり売り払ったようですね。ボクたちはそれを知っているから、道々畑から大根などを引っこ抜いて足しにしたものです（笑い）。

米津　ワッハッハ。そうだったかね。ところで、キミの女房を紹介したのはボクだったね。

――先生のご紹介で1961（昭和36）年12月に、於岩稲荷《おいわいなり》の娘と結婚しました。何しろお岩さんだから、最初は恐ろしくて断わるつもりでした。家内のほうも「栗岩という人はまああいいけれど、周囲にいる人たちがキツネやタヌキやムジナみたいな連中だから結婚はいやだ」と思っていたらしいですが、縁とは不思議なもので、今日まで仲良く暮らしております（笑い）。

「木曜会」で若者を指導したハチロー

――先生は、サトウ・ハチローさん（1903〜1973）とはずいぶん仲が良かったですね。

米津　ハチローはボクより9歳も上でしたが、相性《あいしょう》がよほど良かったんでしょうね。キミもよく知っているように、ハチローはあんな性格だから、お正月なのに「帰っちゃイヤだ！」と駄々《だだ》をこねて、ボクを帰さない。仕方なく家族には申し訳なかったけど、ボクは自分の家で正月をしないでハチローの家に1週間いたこともあります（笑い）。

――ハチローさんは、そういう方でしたね。緒形拳《おがたけん》（1937〜2008）がテレビで演じた佐藤紅緑《さとうこうろく》（1874〜1949）を見たことがありましたが、あのように破天荒《はてんこう》な父を持ったら、ふつうの感覚の人間には育たないような気がします。

米津 キミがハチローに出会ったのはいつ頃だったかな。

――昭和20年代後半です。その頃、ボクは教員をやっていましたが、ハチロー家を毎日のように訪れていました。訪れていたというより、呼びつけられていました。

ハチローさんは、菊田一夫《きくたかずお》さん（1908〜1973）のことを面倒見ていましたね。菊田さんは当時、ハチローさんの内弟子をしていた。その後、劇作家としてNHKで『鐘の鳴る丘』『君の名は』、芸術座で『がめつい奴』森光子《もりみつこ》の『放浪記』などを大ヒットさせます。『マイ・フェア・レディ』ではミュージカルにも先鞭《せんべん》をつけましたね。

その菊田さんと宮本さんが芝居《しばい》を通じて知り合いになり、菊田さんを通じてハチローさんのところへ宮本さんと行くようになったわけです。

米津 ハチローは、詩人の西条八十《さいじょうやそ》先生（1892〜1970）に師事し、詩集を皮切りに、ユーモア小説や随筆、歌謡など多面的な才能を発揮《はっき》しましたね。

――戦後は、童謡に専心され、そのうちにハチローさんのところへ早稲田の学生などが中心になって童謡の会をつくろう、ということで木曜日に集まって「木曜会」という会をつくり、ハチローさんは、若者たちを指導されていました。

詩作の希望などまったくなかったボクは、事務局の仕事や『木曜手帖』という同人誌の編集・販売の仕事を押し付けられました。創刊号から二五号ぐらいまでボクがやったんです。売れ残るからみんなボクが買った。今でも売れ残ってボクが買い上げた残部が物置に積んであります。ふざけて創刊号なんて「1冊1万円なら売ってやる」と豪語《ごうご》しています。だって、ハチローさんは、売れないと怒るんだもの。だからボクは当時、月給みんなはたいてた。でも、それが今ではみんなボクの心の財産になっています。

「酒盛り」と「口述筆記」

米津　そう言えば、キミは木曜日だけの訪れではなく、ほとんど毎日顔を出していたね。ハチローの生活の相手とか、新聞・雑誌への原稿や放送台本の口述筆記の役を負わされて、キミはあの頃大変だったね。しかも、学校から高いタクシー代を払ってまで駆《か》けつけていた。

――「クリちゃん、美味《おい》しいものがあるから学校終わったらすぐ来てくれよ」と電話が毎日のようにかかってきました。ボクは学校の仕事をなんとか早く片付け急いで駆けつけるわけです。学校がある早稲田近く（高田南町）からハチロー宅の本郷弥生町まで行くのですが、あの頃は、電車が今のように便利ではありませんでしたから時間が倍以上かかってしまう。そこで、安い給料の中から仕方なくタクシーを使っていました。

お金は出ていく、ハチローさんからはちょっとしたことで怒鳴《どな》られる。「なんでオレがこんな辛《つら》い思いをしなければならないの？」とつくづく思いました。「あの頃、ハチローさんから、言葉の指導を受けていた」と気づいたのは、40数年も経《た》ってからのことです。今では、ハチローさんには本当に感謝しています。

米津　ハチローは、自分で朝からカレーやおでんなどをつくってくれていたね。

――そうでしたね。夕飯近くなると、ハチローさんお気に入りのお客が集まってきて酒《さか》盛《も》りと夕食でした。

こうした歓談《かんだん》の場でよくお目にかかったのは、先生をはじめ、菊田一男・藤田圭雄《ふじたたまお》・野上彰《がみあきら》・宅孝二《たくこうじ》・中田喜直《なかだよしなお》・渡辺浦人・渡辺茂《わたなべしげる》・山本直純・宮本卓・吉岡治《よしおかおさむ》などの劇作家・詩人・作曲家・学者諸氏。使い走りでお目にかかったのは、吉田一穂《よしだいっすい》・西条八十・周郷《すごう》博《ひろし》・佐藤愛子《さとうあいこ》と錚々《そうそう》たるメンバーでした。

その他に、ハチローさんにCMの詞《し》を依頼してくる企業やマスコミ・芸能人や芸能プロダクション関係の人たちとのふれあいは数え切れません。

今、振り返ってみると、よくもまあ、こんな様々な世界の人たちと会話を交《か》わしたものだと驚きます。ボクは今年で83歳になりますが、今でもボクが主宰《しゅさい》して勉強会などを催していますが、いろいろなジャンルの方々が集まっています。これも、ハチローさんのところで鍛《きた》えられたコミュニケーション力のおかげかと思っています。

「ハチローだってずいぶん助かったのよ」

米津　キミは吉田一穂さんとも面識があったね。

——　そうです。先生が親しくされていた詩人で童話作家の吉田一穂さん（1898〜1973）に、ハチローさんは子どもの頃からしょっちゅう怒られていたそうですね。だから、ハチローさんは、一穂さんのことを非常に怖《こわ》がってました。

最初は、ハチローさんの使い走りで、一穂さんのとこに行きました。先生もよくご存知のように、これまた変わった人で、お茶を出すったって、おはちの蓋《ふた》をお盆《ぼん》代わりにお茶飲めって言われた。家財道具など何もないぐらい貧乏で奥さんと二人で住んでた。だけどお茶だけは緑茶の特級品ですよ。煙草《たばこ》も外国製の煙草を吸ってて、パイプだってイギリスのパイプ。

米津 北海道・小樽《おたる》の網元《あみもと》の息子なんだ。途中、実家の火災により仕送りが途絶《とだ》えたため早稲田を退学してしまった。一穂さんはたしかに貧乏していたけど、詩人仲間はみんな頭を下げていたね。一番頭を下げて文句を言われていたのが小樽の後輩で、小説家・評論家の伊藤整《いとうせい》さん（1905～1969）だった。それから、音楽評論で今でも活躍中の吉田《よしだ》秀和《ひでかず》君もよく小言を言われていたそうだね。

――ボクのことで恐縮ですけど、一穂さんの碑《ひ》が小樽にできることになったでしょう。でも、「着ていくものがない」って言うんですよ。「何着ていったらいいかわからない」って言うんですよ。しようがないからボクが伊勢丹へ連れて行って、黒の礼服上下と傘《かさ》とコート、それから靴《くつ》など全部ボクのカードで払ってあげました。一穂さんは非常に喜んでくれて、お礼に書をたくさん書いてくれました。それを裏打ちして大事に置いてたのに米津先生の床の間に掲げてたらだれかが持って行っちゃった。

米津 もったいないことしたね。佐藤愛子とも知り合いになった。

――　作家の佐藤愛子さんは、ハチローさんの異母妹ですが、『戦いすんで日が暮れて』で直木賞を受賞しました。その彼女がしみじみ言ってました。

「あなたたちが来てくれたおかげで、ハチローだってずいぶん助かったのよ」

それまでハチローさんの友だちっていうのは、芸能の裏方のゴロゴロした人ばっかりだったでしょ。そこへ、学校の先生をしていた宮本さんの紹介で、米津という大学の先生が行ったわけだ。同時に、ボクも行ったでしょ。だから学校の先生が2人ついて、大学の先生が1人ついて。それから元小学校教師だった渡辺浦人っていう作曲家もついた。愛子さんは、こうも言ってましたね。

「ハチローが子どもを対象にした童謡運動を盛んにしようと前から書いていたけれども、改めて戦後の童謡運動をやろうというときに、そばに大学の先生や学校の先生がいてくれたんで、非常に助かったんじゃないの」

ボクなんかは弟子というよりも、ハチローさんの生活相手なんですけどね。先生なんかも大変だったですよね。行けば帰してもらえない。ハチローさんの家から帰してもらえなかったんだから。

米津　お互いにお正月も帰れなかったね（笑い）。

「話して考えてまとめる」

――愛子さんは、一穂さんから「女になんか小説は書けんよ。何でかというと、女は、いつも自分を正しいと思ってるから」と言われたことが心の中に植えつけられたそうですが、それが励みとなって今日まで小説を書き続けられたと感謝しているそうです。

米津　キミはお客が帰ってからが大変だったよね。

――そうです。お客が帰ると、さっそく口述筆記です。ハチローさんは、先生をそばにおいて、教育のこと、子どものこと、家庭や仕事、人生のことなど、先生から教わったなんて一言も言わないで、「千ちゃん（米津千之先生）それはいいですね、それは面白い話だ」とか言ってて、それがすぐ原稿になったり詩になったりする。

だから、あの時代、先生がいたおかげでハチローさんはずいぶん楽をしてますよね。ボクなんか怒られっぱなしです。口実筆記で。そういう生活ばっかりだった。あったでしょ、「原稿、できてる！　できてない！」とか。ああいうことばっかり。

でも、ハチローさんの口からは、なんとついさっきまでお客たちを笑わせたり、頷《うなず》かせたり、驚かしたり、泣かせた話題が次から次へとほとばしって出てきたのには感心するばかりでした。

やっと、夜中の2時頃に原稿が出来上がる。それからちょっと横になり、ハチロー家からそのまま学校勤務でした。その頃のボクは「なんて辛《つら》い手伝いだろう」と嘆《なげ》き節《ぶし》ばかりでした。

そんなとき、先生は、ボクの口述筆記が終わる2時頃まで待ってくれたこともありましたね。それから2人で先生のご自宅に戻り、休ませていただきましたが、本当にありがたかったです。

米津　そんなこともあったかね。

――　何度もございました。ところで、作家の塩野七生《しおのななみ》さんが、「話して考える」ことについて語った新聞記事を読んだことがあります。

「……話すことでより一層、頭の中にあった考えが明確になるという、言語の持つもう一つの働きがあるのです。書けば原稿料を稼げる作家に意外にもおしゃべりが多いのも、話すことで頭の中にあった考えがはっきりした形になってくるということを、他の職業の人よりは深く理解しているからです。政治家も、〈話すことで考える〉を習得して欲しい。」

作家や評論家などの物書きが、文壇バーや文士酒場にたむろしてだべっていることに納《なっ》得《とく》がいきました。

ハチローさんは、ご自分の肌で感得《かんとく》し、自分流に「話して考えてまとめる」術《すべ》を身につけておられたのでしょうね。

「文章書きのコツ」を教える大家

米津　キミは、児童教育に関する賞を受賞したことがあったね。

――　１９８８（昭和63）年11月、博報児童教育振興会より「博報賞」をいただきました。受賞の理由の一つに、小学校における作文教育の実績が挙《あ》げられておりました。そのとき、ふと何十年前の教師になりたての頃を思い出し、思わず独《ひと》り笑いしてしまいました。

米津　どういうことですか？

――　「菊ちゃん（劇作家・菊田一夫氏の青年修業時代の呼び名）なんかね。１００枚も２００枚も書いた芝居の原稿をね、ダメだって一言で破かれてストーブに投げ込まれちゃったんだよ。クリちゃんのはたった２枚。また、ダメだ」

とハチローさんに大声で怒鳴られ、突き返されたことを思い出したんです。

ある民間放送で、ハチローさんが毎日15分ずつ詩や歌、文学作品などについて短い話をし、童謡や音楽を聴かせる番組がありました。

その放送台本を作成する手伝いをしていた何回目かの放送で、クオレの『難破船』を400字2枚にまとめる仕事を任されました。「クリちゃんのはたった2枚」というハチローさんの怒りは、そのときのことです。

先生やお仲間は、例によって茶の間でハチローさんのお相手でビールや酒で酒盛りの真っ最中。ボクだけは、山小屋と呼んでいた丸太組の書庫のひと隅《すみ》で原稿の代筆。明日は学校で大事な運動会があるというのに、もう夜中の1時。早く寝たいのに、どうしてもまとまらない。

この物語の一番大事な最後のクライマックス（少年が、離れたくないという少女を沈みかけた船から救命ボートに飛び移らせる場面）がどうしても盛り上がらない。紙数が足りないのです。

それでも、やっとどうにか、と思って茶の間に持っていくと「菊ちゃん、なんか……？」とやられてボツになる。6、7回ほど書き直した頃、あまりの不出来に業《ごう》を煮《に》やしたのでしょうか、ぽつんと言われました。

「こういうときはね、クライマックスから書くんだよ。それに続けて、そこへくるまでの経過をてきぱきと説明すればいいんだ。覚えておいてね」

「ああ、なるほど、そうだったのか」

そのあとは、ウソのように早く仕上がりOKが出ました。ハチローさんは「文章書きのコツを教える大家」でもあったのです。

ボクが博報賞を受賞して思わず笑ってしまったのは、ハチローさんに怒鳴られていた頃、こんなボクは学校で「作文教師」だったからです（笑い）。

詩は一字違っても命を亡くす

米津 そんなこともあったね。こっちは酒盛りしているのに、キミ独《ひと》り一生懸命格闘していた。また、いつだったか、印刷ミスのトラブルがあったね。

――『木曜手帖』の編集を仰《おお》せつかっていましたよね。その何号かでトラブルが起きました。ハチローさんが「詩に間違いがあるから印刷屋に支払いをするな！」と大変怒っていました。

こちら編集部の校正ミスか、印刷屋の修正見落としか、原因不明でしたが、結局はボクの責任ということになりました。「なんで、ボクが責任を取らなければならないの？」と理不尽《りふじん》に思いましたが、怒ったハチローさんからは、校正についての大変貴重な教えを受けることになり、それが、後々のボクの出版物等に活《い》かされることになったのです。

米津　具体的に示してくれますか。

――ハチローさんの『母さんのウタ』の中の初めの頃の作品です。

母さんのウタ

母さんは　母さんは
ひなたの匂いが　いつもする
タマゴとミルクと　ほし草と
ラッキョの匂いも　持っている

母さんは　母さんは
雀の言葉が　よくわかる
ひとりで茶の間に　いるときは

どびんの唄さえ　よくわかる

母さんは　母さんは
ぼうしに青空　ぬいつける
海よりあかるく　蝶々より
やさしいおべべを　こしらえる

母さんは　母さんは
たくさんお話し　かくしてる
おめざやおやつを　だすように
毎晩ボッチリ　出してくる

これは、高木東六《たかぎとうろく》さん（1904～2006）により作曲され、昭和30年前後には盛んに歌われ、放送もされました。この詩を月刊誌『木曜手帖』に掲載するとき、編集部でしっかり校正したつもりが、そうでなかった。

その間違いをそのまま掲載しましたが、どこが校正ミスであったかわかるだろうか？

もちろん、今お読みになっている読者のみなさんは、原稿がないので、確かめることができないから、どこが間違いであったか、わかるはずがない。

実は、それと同じように、編集部は、原稿がないと同じ状況で校正をしたことによる失敗でした。

校正ミスは、一連の4行目「ラッキョの匂いも　持っている」の「も」でした。正しくは「ラッキョの匂いを　持っている」の「を」です。

読者は、どちらでも同じじゃないかと思われるかもしれませんが、「も」であると、「母さんの匂い」は、まだまだいろいろあることを想像させますが、ここでは、「タマゴ」と「ミルク」と「ほし草」と「ラッキョ」の匂いを発見した作者ハチローの感覚が大事なのです。

「も」であれもこれもと広げては作者の詩的感覚がぼやけてしまうし、また「匂いも」と「持（も）っている」では「も」の音が重なる。

だから、「も」ではなく、「は」の働きと同じように、個別性、特定性、排他性を感じさせる「を」としたのだとわかりました。

米津　そうした個別性などは、ほかの連の４行目にも感じられますね。一連だけを「も」としたら、たしかに、ハチローの詩的感覚が台無しになってしまう。

――「クリちゃん、詩の言葉は一字違っても、その生命は失われるんだ。だから、詩の校正には神経を人一倍遣《つか》うんだ。絶対読んじゃだめだ。読むとわかりすぎちゃって間違いを見落としてしまう。校正ミスを絶対しない方法は、原稿と校正刷りを並べて逆に一字一字照らし合わせていくことだ。学校の先生、しっかり覚えておいてね」

なるほど、ここまでくると、校正も「職人（名人）芸」の域であることがよくわかりました。

サービス精神旺盛だったハチロー

――ハチローさんは「母の日」が苦手だったそうですね。

米津　テレビやラジオの要請で母のことを語らなければならないからだよ。ハチローは、子どもの頃はかなりの悪ガキだったようだからね。１つだけ話そうか。

……「佐藤さんの奥さん、ちょっとお話がございます」

と言って現われたのは家主の奥方だった。リードの先にはワンちゃん。その胴には太い

10センチ幅の線が一本引かれていた。バリカンで刈り取ったらしく地肌が見えていた。「こんなことをされちゃ、犬も猫も安心して飼っていられませんわ！」

ハチローのお母さんはうつむくしか方法はなかった。……

――ワッハッハ。ハチローさんならやりかねないですね。それにしても、やることが面白すぎます（笑い）。

米津　キミはいつの間にか「（クリ）ちゃんから（喰い）ちゃん」とハチローに呼ばれるようになったね。

――「クリちゃん、美味《おい》しいカレーがもうすぐできるよ。ご飯もたくさん炊《た》いてあるからね」と例のごとくハチローさんからの電話です。このあとは聞かないでもわかっています。「学校の仕事をさっさと終えて早く来いよ。ライスカレーの食べ頃だからな」というわけです。

ご馳走《ちそう》になるのはありがたいですが、先生もよくご存知のように、ハチローさんの切羽《せっぱ》詰《つま》った仕事があって、その手伝いが待っているわけです。ボクのほうでも、「たぶん、あの出版社の原稿だな」と予測がつくようになりましたね。

米津　ボクらは、昼間からハチロー宅で文学論やスポーツ談義に花を咲かせていたんだね。

――そうです。先生や先輩方がハチローさんのお相手をされていましたが、そこでの話の種《たね》が尽《つ》きてしまうとまずいんですよ。「栗岩はまだか、何しているんだ！」「喰いちゃんのためにカレーを用意しているのに！」とハチローさんがだんだんと不機嫌になってくるわけです。

米津　キミは若くて食欲旺盛だから「喰いちゃん」とハチローに呼ばれて、何かとキミが話の種になったりしてたよ。

――それはいっこうにかまわなかったのですが、ともかく早くハチロー宅に着き、みなさんの食事や小宴会を終えて、原稿書きに一刻も早く入らないと、またほとんど眠らずに学校へ行くことになります。そんなときでした。出版社からの電話です。

「明朝が締め切りです。朝一番で原稿を受け取りに上がりますのでよろしく」

「………」なんと応《こた》えたらいいのか。まだ、まったく手がついていない。応えあぐんでいるボクの様子《ようす》で話の内容を察《さっ》してか、ハチローさんが電話を引き取りました。

「おお、ご苦労さん、できてるよ。明日の朝待ってるよ」と大声で応じました。それで決着です。これで本当にいいのだろうか？

「先生、まだ1字も書けてないんですよ。いいんですか、あんなウソを言って」

「だから、クリちゃんに来てもらっているんじゃないか。これから明日の朝までに仕上げればいいいんじゃない」

「それは、そうですが……」

「さあ、仕事部屋に行こう。出版社の人に、『まだ少しもできていない、これから取り掛かるところだ』なんて正直に応《こた》えたら、あの編集者は一晩中心配で眠れないでしょう。どうせ、これからやって仕上げるんだから、編集者に安心して休んでもらったほうがいいんじゃないの。人様に心配かけちゃいけないよ」

と言われてしまいました。

米津 ワッハッハ。ハチローは自分のことはさておき、言うことがいかにも彼らしいね。

――でも、先生、ボクにはとてもいい人生勉強でした。たしかに、明け方までに原稿はきちんと出来上がっていました。これも、ハチローさんの出版社・編集者へのサービス精神の1つなんだ、と理解できました。

その後、ボク自身が多くの原稿を依頼されるようになって、その締め切りに苦しみながらも、また、妻からは「書いてもないのにできているなんて出版社の方にウソつくのね」と非難されながらも、「ウソつきながら」締め切りをどうにか守って原稿を書いてきました。

ありがたいことに、83歳になる今でも原稿の依頼がたくさんありますが、これもハチローさんの温かい教えのおかげだと感謝しています。

ハチローと菊田一夫の「師弟関係」

――先ほど、菊田一夫さんのことにふれましたが、ハチローさんは菊田さんのことをずいぶん可愛《かわい》がっておられましたね。

米津　ハチローのお父さんの佐藤紅緑《さとうこうろく》さんが１９４９（昭和24）年に亡くなられたとき、菊田さんは絶対安静で入院していた。佐藤家のお通夜《つや》は、どういうわけか３日間も続きましたが、１日目のお通夜に菊田さんが顔を出したので、ハチローはビックリしていた。それも、朝までちゃんとお通夜をすませて病院へ戻りましたからね。

――菊田さんは、その頃はもう全国に名が売れてましたよね。

米津　そうです。その彼が２日目にも深夜に顔を出したのでハチローはぶったまげていましたよ。ハチローが「大丈夫かい？」と言うと「夜、回診があって、それがすめば抜け出せるんです」と菊田さんは言ってました。

そして、病院側から絶対安静を申し渡されていたにもかかわらず、3日目にも現われたものだから、「さすがに今日は来ないだろう」と思っていたハチローは感激するやら、驚くやらで、傍目《はため》で見ていてもおかしかった（笑い）。

――ワッハッハ。そうでしたか。菊田さんは「師匠《ししょう》のお父さんが亡くなられたのだから、何がなんでも顔を出さなければ」と思ったんでしょうね。

米津　こんなこともハチローから聞かされたな。ハチローが20日間ほど入院していたことがあった。菊田さんは毎日欠かさずハチローへ千疋屋《せんびきや》から果物を届けたそうだ。退院したあとも3日間届いたそうだ。「お見舞いの品がプッツリ切れるとおれが寂《さび》しがると思ったんだろうな」とハチローはしみじみ語っていたよ。

それでいて、病院へは1度も顔を出さなかったそうだ。

――高倉健《たかくらけん》さんが先輩の俳優が入院していたとき、病院へ見舞いに行こうとして何度も玄関前までは行くのですが、どうしても入れなくて引きかえってしまった、という話を聞いたことがあります。菊田さんも、ハチローさんに会いたかったでしょうが、やつれた顔を見るのは忍びなかったのではないでしょうか。

米津　ハチローは、キミなどのおかげで『木曜手帖』という同人誌を出してたでしょう。

その会費を年1回もらうわけだが、「菊田は去年10年分納めたのに、今年も5年分納めたよ」と言いながらハチローは涙ぐんでいたな。

――ハチローさんは、何も会費をたくさんくれたので感激したわけではなく、「15年分先払いしておけば、あのおやじ（菊田さんはハチローさんをこう呼んでいた）のことだ、よおし、15年は生き延びて同人誌を続けようとはりきるに違いない」と考えたんでしょうか。

米津　菊田さんのハチローに対する思いやりですね。

――ところで、菊田さんから大変長い手紙が届いた話を聞いたことがあります。400字詰め原稿用紙でなんと96枚もあったそうです。ハチローさんは、「世界で一番長い手紙だ」と言ってました。

米津　そのあとが面白いだろう。ハチローが2時間半もかかって読み終えた、そのときだ。

「菊田先生がいらっしゃいました」

「えッ！」

ハチローは驚いて玄関へ飛んで行った。

「どうした？　今手紙を読み終えたところだ」

「書き残したところがありましたので、申し上げに来ました」

――ワッハッハ。実に面白いですね。

米津　それ以来、ハチローはますます菊田さんが好きになったようだね。

吉岡治は破門されて大ヒット

米津　ハチローは、キミたちに童謡づくりのノウ・ハウを直接採り上げて講義することはなかったでしょう。

――そうです。「木曜会」に集まる弟子たちの持ち寄った作品を1つひとつ読まれて個別指導されました。その下見を先生や宮本さんとボクたちがしてハチローさんに提出していました。その下見で十分なことが言えないと、物凄く怒られました。「みんなが一生懸命書いてきたんだ。クリちゃん、もっとしっかり批評できないのか！」

米津　ワッハッハ。キミが一番怒られたね。それだけ、ハチローはキミが気に入っていたんだよ。

――「なんでボクばかり怒られるんだ。もう、この会には2度と来たくない！」と何度思ったことか。しかし、この辛《つら》いお手伝いをしたからこそ、ボクもいっぱしの読み手になることができ、今はただただ心から感謝するばかりです。

米津　吉岡治《よしおかおさむ》（１９３４～２０１０）もハチローによく怒られていたね。最期は出入り禁止になってしまったのかな。

――ハチローさんは、吉岡の詩に対する取り組み方がどうしても我慢ならなかったようです。でも、彼は、その後、作詞家として大成した。石川《いしかわ》さゆりの『天城越え』や都《みやこ》はるみの『大阪しぐれ』、大川栄策《おおかわえいさく》の『さざんかの宿』など、数々の大ヒットを飛ばしました。人の心をゆさぶる詩をたくさん書いています。もっと活躍してくれるものと期待していたのに。

それと、先生が東京学芸大学時代の教え子の森田久美子をハチローのところへ修業に行かせたことがありましたね。

米津　あった。彼女は「自分には詩人になる才能がない」と諦《あきら》めて学校の先生になったよ。今でも、ボクの「ことだまの道の研修」に来てる。

――ボクも65年と長いけど、森田も先生とは61年のつきあいですね。

西条八十の詩で講話

米津　そうだね。ところで、ハチローは、キミたち弟子を前にして「詩」について話をしたこともあったね。

――ハチローさんは、ご自身が好きな作品や優《すぐ》れた作品について講話してくださることもございました。一例として、ハチローさんの師匠である西条八十《さいじょうやそ》先生の詩を挙《あ》げてみます。

お山の大将

お山の大将
おれひとり
あとからくるもの
つきおとせ

ころげておちて
またのぼる
あかい夕日の
丘の上

こどもよにんが
青草に
あそびつかれて
ちりゆけば

お山の大将
月ひとつ
あとからくるもの
夜ばかり

聴いているボクたちは、よほど心と頭を鋭敏にしていないと、ハチローさんが言おうとしたことの真髄《しんずい》を受け取り損《そこ》なってしまいます。

「初めの―お山の大将おれひとり　あとからくるものつきおとせ―これは昔からあるんだ。昭和の戦前までの子どもたちは盛んに叫び遊んでいた。ちょっと小高い丘などに登ると、すぐこう言って胸をそらして威張《いば》ったものなのだ」

「この叫び声は、昔の子どもたちがよく使ったことばだ。八十《やそ》おじさんは、それを上手《うま》く活《い》かして童謡に使ったんだ。西条八十という人は、大変優れたテクニックを持っている詩人で、ことばの言い回しもそのひとつ。ほかの人たちとは全然違った形のウタがつくれるのも優れた技巧を持っているからなんだ」

「―つきおとせ　ころげおちて　またのぼる―のところを声に出して読み返してごらん。リズムがあって、なめらかで無理がなく、それなのに子どもたちの遊びふける動きが鮮明にイメージできる」

「そうして、―あかい夕日の　丘の上、ときれいにことばが続いている。また、次の―こどもよにんが　青草に……へ、少しのよどみなく、この童謡はすすんでいるね。上手いなあ」

と、こんな調子で指導は行なわれました。このあと、さらに西条八十先生独特のテクニックに気づかされたものです。最後のしめくくりはイマジネーションの飛躍・展開が見事になされています。「お山の大将　月ひとつ　あとからくるもの　夜ばかり」とね。上手いものですね。

佐藤家と斎藤家はネタに困らない

米津　ハチローは、ほかにもいろんなこと教えたんだろうな。ハチローの寝室に絵がたくさんあったでしょう。その頃、丸善で新しい画集が入ると、必ずハチローのとこへ１冊くるの。ハチローは、その国へ行ってなくても、その絵を見て詩が書けた。

――それは、つまりイマジネーションですね。絵を見てて、ここに子どもがいたらどうなるだろうとかね。やっぱり、そういう点では想像力の豊かな人だった。想像力が豊かっていうのは、経験が豊かってことだ。経験が豊かじゃなきゃ、イマジネーションが浮かびませんよ。ハチローさんは、小さいときからいろいろと経験して……。

だから何か絵を見て、そこに子どもがいたら、親子がいたらどうなるだろうかって、イマジネーションが沸《わ》いてくる。そうやって詩をつくった。つくると「どうだ！」と言って、見せるわけだ。自分で「いいねえ」なんて言いながら。まるで子どもみたいでしたね。

米津　ハチロー家は、とにかく面白いというか、はちゃめちゃというか。

――愛子さんは、作家の北杜夫《きたもりお》さん（1927～2011）に「斎藤家もたいへんな人間が揃ってるけれども、佐藤家っていうのもすごい。一人としてただ者はない」と言われています。

米津　そういう北杜夫も、彼の親友の遠藤周作《えんどうしゅうさく》（1923～1996）なんかの本を読むと、かなりめちゃくちゃだよね。

――ボクが面白かったのは、なんと言っても斎藤茂吉《さいとうもきち》先生（1882～1953）ですね。食事のとき、茂吉先生が隣の魚を見て「オレのより大きそうだな」と思い「キミ、ボクのと取り替えてくれないか」と頼みます。これだけでもおかしいのに、「やはり、さっきのほうが大きそうだ」と「キミ、やはり最初のと取り替えてくれ」（笑い）。

米津　ワッハッハ。茂吉先生も可愛《かわい》いね。やはり、才能のある人は、どこか、子どもみたいなところがあるもんだよ。

――愛子さんは、作家の中山《なかやま》あい子さん（1923～2000）を大好きだったようですが、中山さんに「あんたはいいよねえ、おかしな親類がいっぱいいて。一人ずつ書いたって一生書けるよねえ」とか「あんたは、いいよねえ。行く先々にヘンな人間がいるから、頭使わなくても、ただ待ってればいいんだから」などと好き放題言われています。

その中山さんに対して、愛子さんは「変な友達の一番目であるということに全然気がついてない」と書いているのを見て大笑いしてしまいました。

たしかに、物書きからしたら、佐藤一族や斎藤家は羨《うらや》ましい限りでしょうね。ネタに事欠かない。

あの大きな顔に涙

米津　愛子さんが書いて評判になった『血脈』にキミのことも書かれてある。

――　この本は「上・中・下」３巻からなり、いずれも６００頁という大作の暴露本《ばくろぼん》と言ってもいいでしょう。

ボクは、「栗岩英雄」の実名で下巻に登場しています。愛子さんから本にするときに訊《き》かれました。

「実名で出してもいいですか？　あなた今、教育委員長なんだけども、いいですか」

「いいですよ」

「先生、困ることないですか」

「困ったら困ったで、教育委員長辞《や》めればいいんだから。だいたい役人や区会議員なんて小説はあまり読んでないよ。だからだれにも知られないよ。もしも愛子先生の本を読んで何か文句《もんく》言ってきたら、若いときにこのぐらいのことやってなきゃ教育委員長としての権威がないと啖呵《たんか》切ってやるよ」

と言いました。

分厚い本だけど、面白いから一気《いっき》に読めてしまう。それで、大ブレークした。「愛子さんて凄《すご》い!」と思いましたね。先生のことは見事に公平に書いてありますもんね。やっぱり面白おかしくだけじゃなくて、先生に関しては本当にぴたっと書いていて、先輩の宮本卓さんとボクに関しては嘘《うそ》と本当が半々。

米津　愛子さんは、キミにかなり取材して書いたんだろう。

——先輩の宮本卓さんとボクは、愛子さんにしょっちゅう呼ばれて徹底的に訊かれました。「下巻」は、宮本さんとボクのおかげで書き上げたようなものです（笑い）。

愛子さんもさすがに偉いですよ。自分のこともさらけ出してあれだけの大作に仕上げちゃうんだから。それも、大ベストセラーになった。この間も、どこかで「これが最後だ」

って書いてたけど、まだまだ書くんじゃないかな。

米津　やっぱり佐藤家は、ああいうのが出てくるよ。

ところで、愛子さんは、ハチローの詩をどのように評価していたんだろう。

――『「血脈」と私』（文藝春秋）に書いていましたね。

……八郎が死ぬ二、三カ月前に、入院していた聖路加病院に見舞いに行きまして、「私はねえ、兄さんの『象のシワ』っていうのが最高傑作だと思うわ」と言いましたら、あの大きな顔に涙がすうっと流れました。

（２０１２年３月）

第5話

私の人生を変えた中村天風先生

天才肌だった中村天風先生

――先生の恩師と言えば、柳田国男、折口信夫、筧克彦、成田千里《なりたせんり》、だと思いますが、先生は、別格として「天風会」の創始者・中村天風《なかむらてんぷう》先生（1876～1968）のお名前を挙《あ》げておられます。

天風先生は、子どもの頃は手がつけられないほどの暴れん坊で、戦時中は命がけのスパイ活動をされたが1906（明治39）年、30歳のとき奔馬性肺結核《ほんませいはいけっかく》で死に直面します。当時、結核に関する最高権威と言われた北里柴三郎《きたざとしばさぶろう》博士（1853～1931）の治療を受けるも一向に好転せず、「座して死を待つよりも」と救いの道を求めて世界中の偉人たちを訪ね歩いたが、どこにも得るものはなかった。

「もはや、これまで！　どうせ死ぬなら故国日本で」と覚悟《かくご》を決めた帰り道、カイロでヨガの大聖人カリアッパ師と偶然出会うことになります。

米津　ヨガのカリアッパ師と巡《めぐ》り会ったことで、天風先生の哲学が完成することになります。

――『華厳経《けごんきょう》』に出てくる善財童子《ぜんざいどうじ》は、指導者（善智識）53人を訪ね歩いて、最後に普《ふ》賢菩薩《げんぼさつ》のところで悟りを開くことになりますが、天風先生も似ていますね。

米津　そうですね。天風先生は、医学はもちろんのこと、宗教、哲学、心理学の書物を外国からも取り寄せて読み漁《あさ》りましたが、解決策が見つからず、世界で有名な医学者などを訪ね歩き、最後にカリアッパ師と巡り会って悟りを開くことになりますからね。

――天風先生は、非常に多彩な人生を歩んでこられた天才肌の人のようですね。先生が天風先生に出会ったのはいつ頃ですか？

米津　昭和30年代ですね。天風先生が亡くなられたのが１９６８（昭和43）年12月ですから10年ほど教えを受けました。

キミも知っているように、ウチの近くに神庭《かんば》さんという画家がいたでしょう。そこの床の間に飾《かざ》ってある絵は彼の作品ですよ。実に味わいのある絵です。

彼の奥さんが「護国寺に中村天風先生という素晴らしい方がおられる。一緒に行ってみませんか」と誘ってくれたのがきっかけです。初めは断わっていましたが、あまりにも熱心に誘うものだから、こちらが根負けしてしまった（笑い）。今では、その奥さんに感謝しています。

「我とはなんぞや？」と天風先生はいきなり言われましてね。ボクは天風先生の真正面に座っていたので、ボク1人に問いかけているような気がしました。「我とはなんぞや？　体が自分だと思ったら違うよ。もっと大事なのは心なんだ。じゃ、心かと言ったら、心でもない。それは霊魂《れいこん》なんだ」

みんなポカンとしていた。霊魂だと言われても、わかりっこない。ボクはだれよりも神様の研究をしてきたという自負があるから、天風先生が言われた霊魂について、ほかの人よりはわかりが早かった。

溌剌・颯爽たる天風先生

――『武士道』で知られる新渡戸稲造《にとべいなぞう》（1862～1933）は、たしか札幌農学校時代から「冷水浴」をしていますね。北海道の冬は氷点下になり水は凍ってしまいますが、それでも1度として中止したことはないそうです。天風先生の「冷水浴」も有名ですよね。

米津　そうです。天風先生は、真冬でどんなに水が冷たかろうが「冷水浴」を欠かしたことはありません。

――先生のご自宅の床の間には、天風先生の「汝當自知」という掛け軸が掲げてありますね。

米津　「おまえたちは、まず自分とは何かを、ちゃんと知らなければいけない」と、そして、人間はだれしも「尊く、強く、正しく、清かれ」と言われ、つねに「明るく、朗らかに、活き活きと、勇ましく」とも言われた。

そして、霊性の傘下《さんか》に心身をおくための具体的な「心身統一道」を教えていただきました。

また、天風先生は、稀代《きだい》の雄弁家であり、迫力もあって、そのお話は聴く人すべてを魅了せしめ、興奮させました。

――「天風先生のお話は落語家の話し方よりも上手くて聴き手を引きつける」と天風会員の方から聞いたことがあります。また、天風先生のＣＤを聴きながら床に入ると声が心地良くてぐっすり眠れると言っていましたね。

米津　天風先生は、講演の勉強のために寄席《よせ》などにも通っていた時期があったらしい。ともかく、先生のお話を聴いた帰り道は、心が晴れ晴れとして気持ちが良かったですね。

先生は、剣は隋変流《ずいへんりゅう》居合い術の達人で、みんなの前で披露《ひろう》してくれたときは本当に感動しましたよ。また、羽織袴《はおりはかま》がよくお似合いでした。柔道は昔の三段だから大変な腕前で、その上、趣味は多種多様ときている。書にも絵にも立派な作品をたくさん残されている。

自ら踊られることもあり、野球などにも興じられた。

――天風先生は英語も得意だったらしいですね。

米津　立派な発音をされていましたよ。お父様のご関係で、幼少の頃からアメリカ人について習われていたようですから。また、あの当時、英文タイプは打たれるし、晩年、必要だったのでしょうか、ロシア語まで学んでおられたのには脱帽です。いつだったか、「男にできないことは子どもを産むことだけだ」と言われたこともあります。

とにかく、先生は、いつも溌剌《はつらつ》・颯爽《さっそう》、にこやかな笑顔は天下一品でした。でも、先生は、この笑顔づくりを常々鏡に向かって練習されていたのです。先生は言われています。「毎日、自分を鏡に映してみて、もし、自分が渋い顔をしていたら『笑え！』と言って、ニコニコ顔をつくったもんだよ」。それを見て先生は元気になられた。まさに先生は、一生を修行に生きられた方でした。

「芋洗いで霊性心を煥発しろ」

――今日4月7日（土）は、「練馬芋洗い塾」の日です。先生のご自宅で毎月1回第1土曜日に開かれていますね。始められて、もう何年になりますか？

米津　20年以上になるね。「芋洗い」とは、天風先生のお言葉です。「おれの居ないときには、みんなで芋洗いしろよ」と言われました。「肌と肌とをこすり合って、心身の泥《どろ》や垢《あか》をきれいにすすぎ、新しい知識を身につけ、本心・良心を悟り、霊性心の煥発《かんぱつ》に心がけよ」とのお諭《さと》しです。

――お互いに切磋琢磨《せっさたくま》し、おのずから湧《わ》き上がる生命の高揚《こうよう》を願っているわけですね。メニューもいろいろありますね。午前中は「ことだまの道の研修」「お茶席」など、午後からは天風会の「吾等の誓」「吾等の歌」から始まって、「童謡」などがあります。

米津　「吾等の歌」の作詞の北見志保子《きたみしほこ》、作曲の伊達三郎《だてさぶろう》は、２人とも有名な人だよ。北見志保子（１８８５〜１９５５）は歌人で、当時、与謝野晶子《よさのあきこ》（１８７８〜１９４２）に次いで有名な人だった。折口先生に国文学も学んでいる。伊達三郎（１８９７〜１９７０）は音楽大学の先生だった。

――そうですか。「童謡」などは10曲くらい歌いますね。

米津　みんなで思いっきり大きな声を出して歌えば、心身ともに健康になる。「霊性心」が煥発されるから、いいことだらけだ。歌うときは、四季折々の風物の美を「見過ごさず」ということが大事です。自然の命を「見過ごさず」に、日本の底辺を流れ潤《うるお》すものに

荻原靖友さん（前・左）を中心に研鑽《けんさん》に励む
天風会「東京賛助会」青年部のみなさん

気づいて生きることです。

――「童謡」のあと、参加者全員のお話と先生の講話、そして午後4時からは、みなさんお楽しみの「飲み会」です（笑い）。

米津　「練馬芋洗い塾」のまとめ役である秋元和子さんと次女の千早が料理を用意してくれる。

――それにしても、これだけの料理が出て、会費千円というのは、あまりにも安すぎますよ。

米津　いいんだよ。ボクが好きでやっているんだから。みんなが喜ぶ顔を見たいんだよ。この会は、ゆるやかな集まりで、だれが来てもいい。飲もうが、

「ことだまの道の研修」に励む（左から時計回りに）
奥田さん、砥綿さん、山本さん、井関さん、森田さん

食べようが、寝っころがろうが、泊まっていこうが、いっこうにかまわない。酒類はキミがときどきたくさん持って来てくれるし。

——今日は、珍しい方が見えていましたね。この会に10年以上前から来られている方がお連れしたそうです。日本のシンドラーと呼ばれた杉原《すぎはら》千畝《ちうね》さん（1900〜1986）のことを「一人芝居」で演じている水澤心吾《みさわしんご》さんです。近々パリでも公演するそうです。

「飲んで、食べて、歌って」心の洗たくをする「練馬芋洗い塾」のみなさん

米津　杉原さんは、ナチスに迫害されて逃げてきた６千人のユダヤ人に対し、外務省からの指示に逆《さか》らってビザを発給し、その命を救いましたね。外交官の立場で訓令違反と知りながら、首を覚悟で人道的立場を貫いた。

戦後、助けられたユダヤ人が杉原さんの消息を尋ねて来たことから明らかになり、幸子夫人が『六千人の命のビザ』（朝日ソノラマ社）を書くまで、日本人はほとんどこの事実を知らなかった。１９９８（平成10）年にはイスラエルの切手にもなっている。このような埋《う》もれた国士《こくし》は、世の中にたくさんいるでしょうね。ボクは、こういう人こそ「本物の達人」だと思っている。

「人生の達人」だった天風先生

――　各地に「名士」は腐《くさ》るほどいますが、必ずしも人間的に見て尊敬するに値する人物とは限らない。むしろ、無名で、貧しい庶民の中に、意外にも道に達したような人物が見受けられます。

米津　キミも知っているように、ボクは教え子たちに「偉い人になれ」と言ったことは一度もない。「高い人になりなさい」と教えたはずだ。名士というのは偉い人だ。高い人というのは「私」を離れた無心の人、「無碍《むげ》・自在《じざい》」の心に達した人です。これこそ「達人」です。

――知識の多い人でも、見識の低い人がいますね。そういうのは「高い人」じゃない。

米津　何々の鬼、などと呼ばれている人は、技術や知識は優れていても、まだ達人ではない。

――そうしますと、天風先生は、「高い人」「達人」なわけですね。

米津　まさにそうです。だから、天風先生こそ、ボク自信の目標であり、人間の理想だと考えているわけです。

――天風先生は「欲望を否定するのはインチキだ」とまで語っておられます。

米津　達人だからといって、欲が根絶されるわけじゃありませんよ。

仏教では煩悩《ぼんのう》を断《た》ち切ることを教えるけれど、日本的な道の観念から言うと「煩悩を美しく昇華《しょうか》させる」ことが眼目《がんもく》（主眼）です。

枯れ木のように無感覚になってしまっては、悟った意味がない。それでは、あまりにも寂しすぎる。

日本的な達人は、人里離れて修行する隠者や仙人ではなく、市井《しせい》にあって恋もし、仕事もし、ケンカもする、そういう人間のことです。天風先生は、まさにそれでした。

――「煩悩を美しく昇華させる」いい言葉ですね。百八煩悩が皆無になって、枯れ木同然となるのが人間の理想というのでは、達人のイメージが風邪引いて寝込んじゃいます。達人というのは、生きる達人でなければならない。生きない達人ではつまらない。

米津　仏教に出てくる三毒の「貪《とん》（むさぼり）・瞋《じん》（いかり）・痴《ち》（無知）」をこの世からなくすということではなく、病《やまい》も汚《よご》れも理由があってこの世に存在するのだから、むしろ「貪・瞋・痴」と隣り合わせで暮らすことなんです。

――そうすると、達人というのは、何も遠いところの話ではなく、日常をどう生きて「達なるもの」（真理）を求めるかという問題ですね。

米津　そうです。ボクらは未熟だもの、すぐ失敗はする、心が惑《まど》う。でも、煩悩があるから教育もできる。煩悩を足場にして人間教育を実行するんです。

天風先生は「煩悩があるから悟りがあるんだ。煩悩がなかったら悟れないよ」と言われた。

否定と肯定、その両方を包み込んで美しく昇華させていく生き方が、達人の生き方だと思います。

「怒らず 怖れず 悲しまず」「正直 親切 愉快に」

――先生の客間には、天風先生のお写真と「吾等の誓」の額が掲げられていますね。

吾等の誓

今日一日
怒らず　怖れず　悲しまず、
正直　親切　愉快に、
力と　勇気と　信念とをもって
自己の人生に対する責務を果たし、
恒に平和と愛とを失わざる
立派な人間として活きることを、
厳かに誓います

米津　この「誓い」こそ、現代の人々に伝えなければならないと思っている。
昔、中学のPTA会長だった頃、保護者に話をしてほしいと頼まれたことがありました。さて、テーマをどうしようかと迷った末、「子どもの性格は直せる」という題にしたら、保護者が図書館一杯に集まりました。

――　ボクは幼稚園の園長や学校の校長などをやりましたから、そのテーマだったら保護者が大勢集まるのはもっともだと思います。よくわかります。


米津　「怒らず　怖れず　悲しまず」を「三忽《さんこつ》」、「正直　親切　愉快に」を「三行《さんぎょう》」といって、天風先生の教えの中でも非常に大事なものです。

これさえ日常生活でできるようになれば、もはや「人生の達人」ですが、これがなかなかできない。

天風先生ご自身が「かなり怒《おこ》りっぽい性格」だからこそ、真っ先に「怒《いか》らず」を持ってきたのではないでしょうか。でも、怒っても、すぐ気持ちを切り替えて怒りを引きずらないことが大事になってきます。

先生は「集中と転換」と言われていましたが、思いをパッと転換して、次のことに集中させる。先生は、それが実に上手《うま》かった。

そして、寝るときには、いいことだけを考えて床につかせる。そうすれば、潜在意識がどんどんプラスで満たされて、人生が楽しくなり、自《おの》ずと人生が好転していきます。

――たしかにわかりやすいですね。でも、それで保護者の方は納得されましたか。

米津「理屈はわかりました。でも、どうやったら肝心《かんじん》の子どもの性格は直せるんですか？」

「簡単ですよ。あなた方が自己改革すればそれで十分です。お子さんはあなた方の背中を見て育ちます。あなた方が良くならなければ、子どもは絶対良くなりません」

――なるほど。叱《しか》るにしても、一番良くないのは、いつまでもじめじめ叱ることですね。それは、職場でも親子でも夫婦でも同じです。

米津　ボクは中学の頃、伯父さんの家に預けられた。だから、父の背中はあまり知らない。伯父さんは校長でしたが、いい人でした。ある日、ボクが日課の庭掃除をしなかった。

「千之《せんじ》、庭掃除をしなかったのか？」

「はい、明日、一緒に掃《は》きますから」

「そうか、では、明日掃きなさい。その代わり、夕ご飯も明日一緒に食べなさい」

これには参った。何しろ、育ち盛りですから、飯を食うことが最大の楽しみでしたから。

――素晴らしい伯父様ですね。これ以上、効果的な教えはありません。やはり、教育の根源は愛情ですね。

米津　それがあるからどんなに叱っても伝わるものは伝わる。結局は、和《なご》やかな気持ちを親が持っていることが、家庭を和やかにして幸せがつかめるための秘訣《ひけつ》です。

昔、「村八分」というのがありましたが、葬式《そうしき》と火事の場合だけは「のけ者」にしないで助けてくれました。村中からどんなに嫌われていても、村の人たちは手を貸してくれたものです。やさしさを忘れていない。

だから「村八分」の解《と》けるときは、村中で集まって大笑いしたのです。それで過去を水に流しておしまい。その笑いこそが、日本人の和の原点です。

背を見て育つと言っても、そういう原点がなかったら、だれも背など見ないですよ。隣で何が起きようが知らん振りで、むしろ、人が失敗したり、不幸になるのを願っているのが現実です。

根本に愛情があってこそ、笑いが生まれ、背中を見て、人は育つのです。ボクは、和、そして笑いが、人間の基本だと信じています。

真理は笑いの中にある

――先生には『笑顔のそよ風』という素敵《すてき》な詩がございます。みんなが「笑顔のそよ風」を地球上に吹かせるように努力するならば、この世界はだんだんと良くなっていくことでしょうね。

米津　ボクは、天風先生を通じて原始生命体の力に気づき、そこへ帰っていくことが根本だと考えるようになりました。人はみな、母の胎内《たいない》ではエラ呼吸をしていますが、誕生した瞬間に肺呼吸に転換して、力いっぱい呱々《ここ》の声をあげます。あの生命力が原点です。

しかし、だれもが経験しているのに忘れている。子どもの笑顔ぐらい美しいものはありません。そういう笑顔がなぜできなくなってしまったのか。それを考えてほしい。見本があるんだから、無心になればいい。

――赤ちゃんにニッコリされて怒る人は、この世にいないでしょうね。

米津　そうですよ。また、笑顔について一言付け加えると、「半眼微笑《はんがんみしょう》」といえば、私たちには見慣れた仏様の表情です。キミが言うように、ハチローが怖がっていた吉田一穂《よしだいっすい》という詩人が、この半眼微笑について、こんなことを言っている。

「仏顔は生理的に不可能な表情を、つまり半眼と微笑の相反する二つの筋肉運動を、彫刻としての面の上で、この矛盾を止揚《しよう》して一個の芸術と化したのである」

こんなむずかしい表現はしなくてもいいですが、たしかに半眼微笑は奥深い不可思議な魅力をたたえた表情です。

――その絵が、先生の客間に飾られていますね。

米津　ボクが吉田さんのお宅に伺ったときに、目の前で描いてくれたものですが、素晴らしい作品でしょう。日本人の顔はこういう顔なのです。「日本人というのは、意味もなく笑っている」と批判した人もいましたが、意味もなく怒っているよりよほどいい（笑い）。

――ワッハッハ。おっしゃるとおりです。古い歌に「たんす長持ち持って来るより、笑顔ひとつの嫁がいい」とあります。ニコッと笑うだけで、自律神経の交感神経と副交感神経のバランスが取れて、女性はますますきれいになるそうです。「笑いは内臓のジョギング」とは、アメリカのジャーナリストのノーマン・カズンズ（１９１５～１９９０）の言葉です。

禅で悟りに至るまでの心の段階を示した「十牛図《じゅうぎゅうず》」の最後に布袋和尚《ほていおしょう》が出てきますが、大笑いしていますよね。

世間には苦虫《にがむし》を嚙《か》み潰《つぶ》したような人がいますが、「人間最大の罪は不機嫌である」とまでゲーテ（1749～1832）は言っています。

笑いを習慣づけておくと、困難に出遭《であ》ってもパニックに陥らなくてすむ。お金は1円もかからず、顔の筋肉は鍛えられ、周りを明るくするんですから、こんなに安上がりな健康法はどこにもありません。もっと笑顔の絶えない生活を送るべきです。

昔、正月の映画館は、日本中どこでも笑いに包まれていたものです。今は、本当に笑いが少なくなりました。

米津　天風会では、みんなで食事をいただく前に「笑え！」と言って全員で大いに笑います。笑いは、顔の筋肉を鍛えるだけではないですね。あまりにもおかしいと、転《ころ》げ回るでしょう。そうしないではいられない。だから、笑いは、全身運動なんだよ。

また、笑いには、いろいろな笑いがあります。俳諧《はいかい》の笑いもあれば、狂言《きょうげん》の笑いもある。渋い笑いもあれば、はにかんだ笑いもある。とは言え、「いい笑い」をたくさん持っているのが日本人です。

ボクが92歳のとき、初めてわかったことがありました。

それは、宮沢賢治の『雨ニモマケズ』の中で「欲ハナク　決シテ瞋《いか》ラズ　イツモシズカニワラッテイル」とあるでしょう。これこそ「半眼微笑」ではないかと。このように、年にふさわしい理解ができてくる。それが生きているということなんだね。

――なるほど。長く生きておられると、それまで見えなかったものが見えてくることがあるんですね。老子《ろうし》は「道は笑いに近し」と言っています。真理は笑いの中にあるのかもしれませんね。

哲学者の梅原猛《うめはらたけし》さんは、西洋哲学を研究していて人生に行き詰まってしまったそうです。絶望と不安の哲学では生きられないと、「笑いの哲学」を考案されたそうですが、わかるような気がします。

「霊性心」とは何か？

――植物などに愛情のある言葉を話しかけてやると立派に育つという話はよく聞きます。テレビを見ていたら、八丈島に「クサヤ」という特産物があるんですが、クサヤを先祖伝来の漬《つ》け汁に漬けるときに、「これから製造に入るからよろしくね」と漬け汁に声をかけていました。漬け汁には200種類もの微生物が棲《す》んでいるらしく、このようにやさしく声をかけてやると、美味《おい》しいクサヤが出来上がるそうです。

米津　「水の波動」を研究している江本勝《えもとまさる》さんと対談したとき、「水は悪い言葉には結晶をつくらず、きれいな言葉を使うと美しい結晶になる」と語っていました。水でさえ「いい言葉」「悪い言葉」にもろに影響を受けるのだから、ボクたちは、冗談でもマイナス言葉を言ってはいけません。潜在意識はマイナスだろうがプラスだろうがなんでも受け入れ実現しないではおかないですから、よほど気をつけなければいけません。

天風先生は、どんな病《やまい》に冒《おか》されていようが、どんな不運に見舞われていようが、むしろ、そういうときこそ、絶対にプラスの言葉を使いなさい、と厳しく言われたものです。

――芥川賞作家で僧侶《そうりょ》の玄侑宗久《げんゆうそうきゅう》さんが語っていましたが、心と機械の関係を研究している人がいるそうです。心を込めてペンチで切った断面と、機械的に切った断面とは、精度が違ってくるそうです。

このことから、「良い製品ができてほしい」と願いながら機械のボタンを押すのと、何も考えずに押したのでは、機械の働きも違ってくるのではないか、という仮説を立てているそうです。

米津　それは自《おの》ずと違ってくるでしょう。遠く離れた病人の回復を願って毎日祈っていたら、奇跡的に病人が回復して担当医が驚いた、という話は昔から聞きますからね。

――テレパシーですね。ボクもよく知っている秋元和子さんは、「練馬芋洗い塾」のまとめ役をやったり、先生の身の回りのお世話もときどきしていますが、テレパシーの能力にとても長《た》けているそうですね。

米津　そうです。彼女のテレパシーはよく当たるんだ。常日頃から訓練しているからね。

――ところで、天風先生は寝るとき、寝具に向かって、「お世話になるよ」と声をかけておられたそうですね。

米津　そうです。天風先生からしたら、それは当たり前のことです。以前、鷲山紗貴子さんという方から聞いた話です。

……あるところで、赤牛と黒牛が勝負した。周囲の人たちが、どっちが勝つか声高に論争しているところへ1人の男がやって来て、周りを戒《いまし》めた。「シー、牛が聞いている」。……

たったこれだけの話ですが、これが鷲山さんの心に響いた。彼女はそれ以来、出かけるときには、いくつかの靴《くつ》の中から1足を選んで履《は》くのにも、別の靴に向かって「今日はこっちを履くから、あなたは待っててね」と言って履くそうです。

――なぜ、こんなことをお尋ねしたかと言いますと、テレビを見ていたら、画家の岡本《おかもと》太郎《たろう》さん（1911～1996）は、ベンチに座るとき必ず「このベンチに座るけどいいかい？」とベンチに了解を得てから座るという話を聞いたからです。

米津 すべての物に生命を感じ、すべての物に感謝し、同じ生命を持った物として、対等のつきあいをしているということでしょう。

―― すべての物に「仏性《ぶっしょう》」があるということですね。お釈迦様は「奇なるかな奇なるかな、此の諸々の衆生、如何が如来の智慧を具有す」（おお、なんたることか！ 山や川や草や木やあらゆる物が如来と同じように智慧を持っている）とお悟りになられます。すべてが成仏していると。

―― 「山川草木悉皆成仏《さんせんそうもくしつかいじょうぶつ》」、人間ばかりでなくすべての物に「仏性《ぶっしょう》」があるということですね。

米津 そうです。考えてみれば、牛にも耳がある。そのことを大切に思い、愛を注《そそ》ぐ心を大切にしたいですね。

そうすれば、道端《みちばた》の草1本刈《か》るときでさえ、「ごめんなさい。今度生《は》えるときはもっといいところに生えてね」と素直に言える心、これこそ天風先生が常々言われていた「霊性《れいせい》心《しん》」です。

「素直な心」が「霊性心」を生む

―― なるほど。天風先生に教えを受けておられた松下幸之助《まつしたこうのすけ》さん（1894～198

９）は、『素直な心になるために』（ＰＨＰ文庫）で次のように述べておられます。
「お互い人間がみずからの願いを実現するためには、それを実現するにふさわしい考え方、態度、行動をあらわしていくことが肝要だと思いますが、その根底をなすものが、この素直な心ではないかと思うのです」

「素直な心とは、私心なくくもりのない心というか、一つのことにとらわれずに、物事をあるがままに見ようとする心といえるでしょう」

米津　素直というのは、「す」は接頭語で「なお」は「なほびの神」の「なほ」なんです。たとえば、病気が「なおる」と言えば健康になること、性格が「なおる」、壊《こわ》れたものを「なおす」、「書きなおす」「やりなおす」。それから体操では「気をつけ、前へならえ」のあとで、「なおれ」と言いますね。つまり「なお」というのは、曲がったものが元に戻ること、正しい姿勢に返ることです。

――するると、正常に戻ることが「素直」ということですね。

米津　まさに正常に戻ることです。人は生まれながらにして健康な命を授かっているのに、油断《ゆだん》や災難で心身を損《そこ》なうと「けがれ」ます。「けがれ」というのは「気」が枯れることですね。

――人はだれでも生まれながらにして「素直な心」を持っている。それが、生きているうちに「けがれ」てしまう。松下さんは、稀《まれ》に見る素直なお人柄だったと思いますが、「霊性心」について、何かエピソードはありませんか?

米津　だいぶ昔の話ですが、ボクの知人の娘さんがノイローゼになったとき、彼女の運転で家族旅行をさせたんです。そうしたらノイローゼがウソのように治りました。なぜかと言うと、自分のことばかり考えているとノイローゼになるんで、同乗者の安全のことを考えて運転していたら、だんだん世界が広くなってきて治っちゃった。

だから、甘えん坊で、人から与えてもらってばかりいる人間はだめになってしまう。「世のため、人のため」と思う心が「霊性心」なんです。だから、あまりむずかしく考えないほうがいい。

――なるほど。ボクが校長をやっているとき、登校拒否手前の子がいました。そこで、ボクが直接指導して、委員会活動の一環として「水槽《すいそう》のコイに餌《えさ》をやる係」にしたら治ってきました。コイを世話する責任が出てきたら、学校へ一生懸命来るようになったんです。

人のために働くということは、自分の存在感を育てることなんですね。登校拒否や自閉症の対策にはこれが大事です。

米津　ボクなんか子どもの頃から他人のことばっかりで、自分のことは思ったことがないよ（笑い）。

――ワッハッハ。先生は、たしかにそうだ。私の知る限り、いつもそうですね。

米津　それが今は、自分のことしか考えていない先生が多い。口先で上手いこと言ってるけど、誠意がないから子どもたちに通じない。

――今の先生方は「モンスター」みたいな保護者などがいたりして、なかなか大変なんですよ。集合写真で「うちの子どもが真ん中に写っていない！」などと文句を言ってくる時代ですから。

米津　それでは、人数分の写真を撮《と》らなくてはならなくなる（笑い）。

欲が絡んでくると曇ってしまう「霊性心」

――ある高等学校で、札付《ふだつ》きの生徒が新人の先生を脅《おど》した。先生は職員室に駆《か》け込み、泣いて窮状を訴えた。すると、カマキリのように痩《や》せた先生が、その生徒を職員室に呼びつけ、いきなりゲンコツで殴《なぐ》ったそうです。

その生徒は、卒業してから、殴った先生に挨拶に行ったそうです。お礼参りではないですよ（笑い）。「先生、あのときは殴っていただいてありがとうございました。嬉《うれ》しかったです」と自分が育てた果物を持って来たそうです。

鎌倉時代に曹洞宗《そうとうしゅう》を開いた道元禅師《どうげんぜんじ》（1200〜1253）は、「愛語よく回天の力あることを学すべきなり」と述べていますね。慈愛に満ちた言葉には、天地を逆転させるほどの力が備わっている。その生徒は先生に殴られたわけだが、愛情からの行動だと思ったからこそ、それまでの札付きをやめて真面目な生徒になったわけだ。

米津　そうした命を懸《か》けて教える先生がいなくなった。

――　ボクが校長のときの話です。林間学校の旅行記を400字詰め原稿用紙50枚以上書く宿題を出したら、1人いい子なのに書かない子がいた。それで担任が「書かなきゃ卒業させない！」とつい言ってしまったんです。その頃、新聞に、「卒業文集に何も書かなかった生徒の通知票を文集に印刷した事件」が報道されていましたが、それと似ていますね。本当に卒業させなかったら問題になるし、卒業させたら担任が嘘《うそ》つきになってしまいます。さあ、教師はどうしたらいいでしょう？

ボクは校長として、その子の両親に会い、校長の責任でその子を預かりました。土曜の午後も日曜日も放課後も校長室へ来させて、ボクと一緒に作文を考え書かせました。出来上がったのは、忘れもしない卒業式直前の3月24日の午後でした。90枚もあり、読んでみたら内容が一番良かった。ボクは、書き上げさせて本当に良かったなあと思いました。

教師の責任、使命は、そこまで果たさなければいけません。その後、彼は中学校、高校の文芸部長として活躍していました。

米津　さすが、キミはボクの教え子だけのことはある（笑い）。

――先月登場した岡潔さんの奈良女子大の教え子が語っていました。彼女が女子大にいた頃、家庭の事情で学校をやめることになった。そこで、岡さんのご自宅に挨拶に伺うと、岡さんは風邪で寝込んでいたそうです。事情を聞いた岡さんは、奥様に「すぐ着替えを出しなさい」「お風邪を引いているのに無理しないでください」「バカ者！　ひと1人の人生がかかってるんだ。この人のご両親に会って説得してくる」と言われたそうです。

世界的な数学者が、風邪を引いているのにもかかわらず、1人の生徒のためにわざわざ遠くまで出かけていくのですから、ふつうの人には真似《まね》できません。

米津　岡さんは、さすがに「霊性心」の人ですね。

――「そうか、それは残念だな。まあ、人生は長いよ。気を落とさないでガンバリなさい」

でふつうの人なら終わりますね。

米津　ある中学校だったと思うが、水泳大会が行なわれることになり、選手を選ぶことになった。あるクラスでは、意地悪して身体障害者の女の子を選んだ。その夜、母親に話すと「いいんじゃない。せっかく選ばれたんだからガンバリなさいよ。明日はお母さんも応援に行くからね」と言われた。

当日。彼女は、ほかの選手はとっくにゴールしたのに、まだプールの真ん中あたりで泣き出しそうになりながら泳いでいたそうです。そのときだ。１人の男が背広《せびろ》を着たまま飛び込み「もうすぐだからね。先生も一緒だよ」とやさしく声をかけたそうです。

――うわぁ。泣けてきました！

米津　背広のまま飛び込んだのは、校長先生だった。これこそ「霊性心」です。人はだれでも生まれつき持っているんですよ。それが、欲が絡《から》んでくると曇《くも》ってしまう。だから、気がついたらすぐ磨《みが》き直せばいいんですよ。

「生きているだけで感謝しなさい！」

――作家の五木寛之《いつきひろゆき》さんが語っていましたが、岡本太郎さんの全集が出るとき、ある巻の解説を頼まれたそうです。五木さんは時間がなくてご辞退された。岡本さんと出会ったとき「なんだ、きみは。おれの解説を断わって。おれの解説をするなんてのは作家の光栄じゃないか」と叱《しか》られたそうです。

米津　面白いね（笑い）。

――　哲学者の梅原猛さんのところへやって来た岡本さんは、「今、博物館に行ってきたけどな、４００年前から岡本太郎を真似するような奴がいるんだ」と言ったそうです（笑い）。

米津　まるで子どもだね。天才的な人は、子どもみたいなところがあるんだよ。邪心《じゃしん》がないんだ。天風先生も子どもみたいに可愛《かわい》いところがあったね。

――　先生も１００歳まで生きてこられると、無垢《むく》な子どもみたいに邪心がなくなってきて、世の中がよく見えてくるのではないでしょうか。

先生は、だけど昔から私心がないですね。本でも皿でも掛け軸でもなんでも、欲しがっている人がいると「持っていきな」とあっさり上げてしまう。あとで、夫婦ゲンカになりましたが（笑い）。

米津　ハッハッハ。ボクの周《まわ》りには、昔からいろいろな人がやって来るでしょう。だから毎日わくわくしながら人生を楽しんでいるよ。

——ボクの知り合いにお父様の関係で、生まれた頃から天風先生に可愛がられた方がいます。彼は、重い病気を抱えていたにもかかわらず、健康な人よりも立派に定年まで勤め上げましたが、彼を支え続けたのは「たとえ身に病があっても、心まで病ますまい。たとえ運命に非なるものがあっても、心まで悩ますまい」という言葉だったそうです。

米津 天風先生の誦句《しょうく》に「坐右箴言《ざうしんげん》」というのがありますが、その中に出てきます。この言葉には、多くの人が救われているようですね。経営者だったら、取引先が倒産したため地獄を味わったとしても、「たとえ運命に非なるものがあっても、心まで悩ますまい」と唱《とな》えることで心が非常に軽くなる。この言葉を知っているかいないかだけで、人生に対する意気込みがまったく違ってきます。天風先生には、このほかにもボクたちを鼓舞《こぶ》してくれる素晴らしい言葉がたくさんあります。

——彼の話では、天風先生は、青少年をずいぶん可愛がったそうですね。彼らが、これからの日本を背負《せお》っていけるよう、堂々と生きていけるよう、願っていたのでしょう。

また、天風先生は、「人間は自分が思っている以上の能力がある。だから、自分には必ずできるという前向きな考え方をいつまでも持ち続けろ」と教えてくれたそうです。その根底にあるのは、「私たちは宇宙に活かされているのだから、宇宙に感謝しろ」ということらしい。

米津　この感謝する、というのがなかなかむずかしい。頭ではわかっても、心の底から理解するというのは非常にむずかしい。生死を左右するような出来事でも起こらないと、感謝の気持ちはなかなか沸《わ》いてこない。しかも、生死を脱すると、また元《もと》の木阿弥《もくあみ》になってしまう。

しかし、何事にも感謝の念を持って接する習慣を身につけることが大事ですね。天風先生は、「生きていることをただありがたく感謝しなさい！」と言われました。今、どんなに苦しいことがあっても、生きているだけでありがたいんです。だから、嫌《いや》な奴に出会っても感謝です。いつ、どこで、その人が助けてくれるかもしれないのだから。

――ボクの知り合いは、毎朝、住まいの周辺を散歩したあと、公園内のベンチや鉄棒を使って筋トレをやっているそうですが、鉄棒を握《にぎ》る手の平《ひら》が手袋をしていてもマメができて痛くて困っていたそうです。彼は、近くにいた、身体が大きくて、髭《ひげ》を生やし、目つきの鋭い、まるで捜査四課の刑事か、組関係にしか見えない男に訊《き》いたそうです。この男は毎朝、ゴルフのためにストレッチをやっているそうですが、みんな怖《こわ》がってだれも近づかないそうです。

「マメができないような手袋ってあるんですかね？」

「手の平でつかまないで、指先でつかめばいいですよ。そうすれば指先も強くなる。ゴルフの初心者も同じようにマメをつくったりするよ」

彼にとっては、まさに目から鱗《うろこ》だったそうです。

米津 みなさん、人を簡単にきめつけちゃうでしょ。あれは、絶対やめたほうがいい。また、XさんがAさんにとっては悪い人でも、Bさんにとっては善《よ》い人だ、ということもあるのだから。

――夫の浮気で悩んでいる妻は、かなり多くいるようですが、「どうしたらいいでしょうか？」という質問に、美輪明宏《みわあきひろ》は「感謝することです。夫を俯瞰《ふかん》して見れば、夫の生い立ちから、職場で置かれている状況から、夫の劣等感などがよくわかってきて、夫に感謝できるようになります」と語っていました。

米津 たまにはケンカもするでしょうが、お互いに挨拶すれば、また新しい気持ちになれるものです。いつまでも引きずっていてはいけません。

「人生は心ひとつの置きどころ」

――　ベルギーのノーベル賞作家で『青い鳥』で知られるメーテルリンク（１８６２〜１９４９）は、「自分にとって自分の過去に優《まさ》るものはない」とまで言っていますね。世の中は辛《つら》いこと、苦しいことに満ちているけど、その中から自分しか得ることができない貴重な経験をしているのだと。

於岩稲荷《おいわいなり》に住んでいると、ときどき参詣者《さんけいしゃ》から身の上相談をもちかけられることがありますが、ボクは次のように言っています。

「神仏を拝めばあなたの問題が解決するのではありません。あなたの心が解決するのです。何かあるのが人生ですから、ボクだって今も悩みを山ほど抱えています。でも、一つひとつの出来事を自分の肥《こ》やしにして、心の眼《め》を開いていければ、それが価値ある人生です」

米津　そうですよ。「この先、問題が山積みだ。どうしよう！」と思っている人は、むずかしい顔をしないで、いっそのこと問題と遊べばいい。そのような心構えでいると、いつの間にか難問も解決してしまいます。

――　先生は「事有るが人生だ」（有事人生）ということを、これまでもよく話されましたね。

米津　これは、天風先生からいただいたお諭《さと》しの言葉で、友人たちに分かち合って喜ばれた大切な宝物です。先生は「事有るが人生だ」と言われ、この世に起こるすべてのことは、神・仏、先生のお言葉では「宇宙霊」の働きと見なされた。

大金持ちゃ、天才的な頭脳の持ち主のように、どんなに恵まれた人でも、「何かあるのが人生」です。それでも、私たちは乗り越えていかなければならない。その苦労の積み重ねが、その人の人間形成を育《はぐく》み、その人らしい味わいを醸《かも》し出すことになる。

若竹は、折れそうで折れず、雪の重さにもしなやかにたわみ、しっかりした節々に支えられて伸びてゆくのだ。

天風会に入られる方々は、病魔に苦しんでいたり、人間関係で悩んでいたり、といろいろな理由があるだろう。そのように苦しんだ人こそ、いのちの尊さを身に沁《し》みて知るんです。

天風先生は、ありがたいことに、霊妙不可思議な宇宙霊を己が身に迎えるための法をご教示された。

そして、宇宙に隈《くま》なく遍満《へんまん》存在する生命エネルギーを感謝して思う存分いただけば、びっくりするぐらい健康になり、悩みも吹っ飛んでしまう。実際、ボクの周りには、そういう方たちがいっぱいいいますよ。

何が起ころうとも、天風先生の「人生は心ひとつの置きどころ」という教えを肝《きも》に銘《めい》じておくことだ。心の持ち方ひとつで、地獄も天国になるのだから。

――今日も目が覚《さ》めたら「生きていた」。なんて自分は幸せ者だろう！

米津　そうですよ。天風先生は言われていいます。「つらいことがあっても、『ああ嬉しい！　こうして生きていられる！』と思ったら、ニコニコして暮らしていけるじゃないか。殺されるよりいいじゃないか」とね。

――天風先生は「クンバハカ」を無意識にできるようになれ、と言っていますね。

米津　「クンバハカ」は、素晴らしい教えです。クンバハカは、①肩の力を抜き②肛門を締《し》め③丹田《たんでん》に力を込める、これらを同時に行なうものです。

ボクは、犬でも猫でもみんなクンバハカ、と言っていますが、たしかに尻《しり》がキュッと締まっています。だから元の自然に戻ればいいだけです。

机に足をぶつけて「痛！」と言うときもクンバハカができているし、子どもが力んで泣いているときも自然にクンバハカになっています。何もむずかしいことはない。

これを日常生活で身につけると、ものすごく健康になります。健康とは、身体が健《すこ》やかで心が康《やす》らかなことですが、肉体的にも精神的にも非常に素晴らしいものです。多くの方に、このクンバハカをぜひ身につけてほしいですね。

「天風教義」を少しでも多くの人に

――天風先生は、会員の方々の相談などに応じていたのでしょうか。

米津　さあ、どうだったかな？　何しろ昔は、会員が大勢いたから、仮に応じたとしても、ほんの2、3分しか時間は取れなかっただろうね。ただ、聞いた話では、のちに天風会三代目会長になる野崎郁子《のざきいくこ》先生などが、食事のとき、「天風先生、今日、会員の方から○○○について相談がありました」と伝えてはいたようですね。天風先生は「ああ、そうかい」とだけお応《こた》えになったようです。

しかし、次の講話のとき、「○○○○の問題についてはだな、こうすればいいんだよ」と話されたそうです。それを聴いた会員の方は大感激したそうです。「天風先生は、自分のためだけに話されてくれたんだ」と思うでしょうからね。

――天風先生は、思いやりのある方だったんですね。東京・護国寺にある天風会館に、

「中村天風　潜在能力開発講座」という大きな垂《た》れ幕《まく》が掲げられているのを見ました。

米津　「生命に内在する潜在能力を高める」ということで、理事長の尾身幸次さんが率先《そっせん》して講師を務めていますよ。また、尾身さんが、いくつかの高校で講演をしたところ、大変な反響があったそうだね。若者たちに、少しでも早く天風先生の教えを知らしめることはいいことですよ。

――天風会の組織は、全国にあるんでしょうか？

米津　北海道から沖縄まで、それぞれみなさん天風先生の教えを真剣に学んでいます。たしかハワイにもできたと思いますよ。また、各地で、何人かずつ集まって「天風教義の勉強会」をやっているようですが、どんどんやってほしい。

――天風会の「東京賛助会」は、服部嘉夫代表を中心に毎週「日曜行修会」を天風会館で行なっていますが、今月の８日からは、行修後に「童謡を歌う会」を始めたそうですね。

米津　浜砂君を中心にやっているようですが、童謡をみんなで大きな声を出して歌うというのは、心が晴れ晴れとしてとても気持ちのいいものです。多くの人が童謡を歌うようになれば世の中もどんどん明るくなるよ。

――同じ日に、「太極拳《たいきょくけん》」も始まったそうですね。

浜砂順一さんのハーモニカで童謡を歌う
「心が晴れ晴れとしてとても気持ちがいい！」

米津　川島さんという女性の方が指導されているようですが、太極拳は、ゆっくりとした呼吸と動作でしょう。これが健康に非常にいい！　せっかく身近にチャンスがあるのだから、こういうことは大いにやってほしいね。

「活き活きと　勇ましく　朗らかに」

――天風会「鎌倉賛助会」の大久保信彦代表の話では、今月の14日（土）に先生が特別講演をされるそうですね。予行演習しなくて大丈夫ですか（笑い）。

米津　予行なんて、そんなもん、しないよ。人生、なんとかなるよ（笑い）。

――先生には65年間も教えをいただいて

川島良子さんの指導で「太極拳」を習う
日浅さん（左）と渡辺さん（右）

おりますが、この頃、ようやく真の師弟関係がわかってきたような気がしております。先生は、ボクが考えつかなかったことを授けてくれる不思議な力を湛《たた》えた恩師です。

米津　「天与の恩寵《おんちょう》を受けそこなうことなく」とは、天風先生のお言葉です。ボクはいつも「受けそこなうことなく」生きようとしている、ただそれだけのことです。ですから、不思議な力なんてありません。

――ただ、「先生のお言葉」で、ものごとを言い換えていただくと、ハッとして本質がわかることが多いんです。

米津　キミも知っているように、もともとボクは倫理学をやっていましたが、明治の頃の倫理学者は、だいたい漢文で儒学《じゅがく》を学んでいました。

それ以後は、西洋の言葉で倫理思想を翻訳《ほんやく》して、哲学史を記憶することをもって倫理学だとしてきたのですが、元来の哲学は自分の頭で考えることからスタートしますから、日本人は日本語で倫理学を構築していかなければ、実践には結びつかない。

実践できなければ、それはただの理屈にすぎないわけで、倫理として成り立たない。

——そこです。先生は、いつでもご自分の言葉でもって語れる稀有《けう》な方です。だから、ボクは、弟子として、先生のお言葉に接すると、魂《たましい》を洗われるような感動がいただけるのです。

米津 その最たる方が、わが師・天風先生なんですよ。この世は多面的です。金銭は一面にすぎない。出世も一面です。大切なことは、天風先生がよく言われた「活き活きと、勇ましく、朗《ほが》らかに、天与の生を楽しんで生きる」ことです。

（2012年4月）

第6話

100まで生きて見えてきたこと

「しなやか」に生きる

――今日は、桜吹雪が川面《かわも》に舞《ま》ってとてもきれいでした。ところで、先生の飄々《ひょうひょう》とした暮らしぶりは「達人」のようですね。

米津　人生は「急がば回れ」で、山を登るときは蛇《へび》のように曲がり曲がり登るでしょう。蛇のように「しなやか」に曲がることが、自然に順応することなんです。禍《わざわい》のうごめく人生の海を漕《こ》ぎ渡るために何よりも必要なことは、この「しなやか」な心を育てることなんです。

――「しなやか」ですね。「へび博士」の高田榮一《たかだえいいち》さん（1925〜2009）も同じようなことを言っていました。人生で失敗する人たちは、この「しなやかさ」が足りない。

米津　病気になったら、「あなた疲れているから少し休んだら」と病気の女神が添《そ》い寝《ね》してくれていると思えば嬉《うれ》しいでしょう。

――寄り道や遊びのない人生なんて味気《あじけ》ないものですね。病気や失敗や挫折《ざせつ》あってこその人生です。「事有るが人生」（有事人生）は、先生にいただいたボクの座右銘《ざゆうめい》ですから。

米津　汚《よご》れもある、悪い奴もいる。つまずいては立ち上がる自分を、外から眺《なが》めてエールを送ってやればいい。ボクの歌です。

たのしみはきたなげな夢味わいて　清濁《せいだく》の世をながめている時

こうして、しなやかに生きる姿を味わいながら、ボクは今「老いざかり」を楽しんでいるんです。

――心身のしなやかさは、たしかに最高の状態です。その反対は、頑迷固陋《がんめいころう》でゴツゴツしています。だいたい、日本の風景は、なだらかで、しなやか、です。

米津　生きとし生けるものは、しなやかですよ。海中の藻《も》のゆらゆらと揺《ゆ》らぐ様、その中を泳いでいく大小の魚、どれを見てもしなやかさの手本です。大自然の本質が、このしなやかさであることを、日本人は縄文の時代から見抜いていました。

日本人のモラルやセンスというのは、このしなやかさをありがたく懐《なつ》かしみ、かつは畏《おそ》れかしこみ敬《うやま》って暮らす中から生まれたのです。

その自然順応の心を、大和言葉では「神《かん》ながら」といいます。四季の風物が語りかけてくるものを「見過ごさず」にさえいれば、人はだれでもそのような生きる構えを身につけることができるはずです。
日本人にとっての「達なるもの」とは、このように宇宙のうちに生かされて生きる精神そのものである、と言えるのではないだろうか。

「今が長かれ」

――どうすれば、今の人にも、それがわかるでしょうか。

米津 それがね、年を取らないとなかなかわからんのだよ。月を観《み》よう、花を観よう、自然と語らうことはなんて素晴らしいんだろう、と本当にわかるのは、ある程度年を取ってからかな。

子どもが夕方、母親に呼ばれて家に帰るとき、友だちともっと遊びたくて後《うし》ろ髪を引かれる思いで「また明日遊ぼうね、約束だよ」と叫ぶ、あの切ないまでに美しい心の姿を、ボクは「今が長かれ」と表現している。この心で生きている人こそ、「人生の達人」ですよ。

――一期一会《いちごいちえ》、今という時には二度と再び巡り会えないという惜別《せきべつ》の心ですね。気の置けない友といるとき、さよならを言い難いことがたしかにあります。いつまでも一緒にいたくて、まるで恋人みたいに、夜の明けるまで語り合った経験はだれでもあるでしょう。「今が長かれ」とは、いい言葉ですね。

米津　ところが、若いときの「今が長かれ」と、年老いてからの「今が長かれ」は、その消息に微妙《びみょう》な違いがあるんだな。

ある年齢になった人間は、ある日ふと「人生って短いもんだな」と実感する。そして、その思いとは裏腹に「みたま（魂）は永遠のものだ」とも実感するんです。人の命は短い、けれども永遠のものなんだ、その両方が同時に思いを一杯にしたとき、自然に流れ出す言葉が「今が長かれ」なんですよ。

――すてきなお考えですね。私も早くあやかりたい。人生は短い、そして永遠である。このテーゼとアンチテーゼを止揚《しよう》する言葉が「今が長かれ」なんだ。

米津　そのとおり。矛盾する2つの心をいつまでも止揚し続けている状態、それは決して静止することがないから、だからこそ「しなやか」でいられる。

しなやかということは、いつでも方向転換できることです。もし、自動車が停止していたら、どんなにハンドルを回したって方向転換できません。動いていてこそ、方向が変えられる。心も同じで、しなやかでありたければ、変化している必要があるのです。矛盾を抱えながら、螺旋状《らせん》に上昇していく生き方こそが、しなやかな人生です。

――残念なことに、現代人は「今が長かれ」という心を失っています。むしろ、少しでも早く今が過ぎてくれと願っている節《ふし》がある。わけもなく自分を不幸だと感じている。そして、焦《あせ》り、先を急ぎ、射幸心《しゃこうしん》を支えにしているように思えます。

米津　目先の小さな損得に振り回され、人間が小さいのが多いね。とても達人には及びもつかない。食欲、性欲、出世欲、名誉欲などに取り憑《つ》かれて狂ってしまっている。

天風先生は、まさに人間についての達人でした。抜刀流の見事さは言葉で言い尽くせないくらいでした。心身一体「しなやか」でなければ不可能な神業《かみわざ》を見せてくださったものです。

宮本武蔵《みやもとむさし》（1584～1645）などでもそうですが、武道の達人は、技術よりも精神力において優《すぐ》れていることが必要です。勝とうとかという邪念《じゃねん》にとらわれていてはだめだ。勝ちたいという強い願望を超越していて、無の心境で戦える人こそ「高い人」です。

根っこを深く生きる

米津　江戸時代に白隠禅師《はくいんぜんじ》（1685～1768）という立派な禅僧がいたね。

――子どもの頃、母親かだれかに連れられて行った先で「地獄」の話を聞いてから恐怖に襲われるんですね。それも、尋常な恐怖ではなかったため、これから逃《のが》れるためには出家するしかないと、両親に泣いて頼みます。出家後の彼の勉学と修行は凄《すさ》まじいものがあったそうです。

米津　その彼が白隠禅師として世間に広く知られるようなった頃、この禅僧の檀家で有力な人の娘が身ごもった。まだ未婚だったから、さあ、大変！　父親はカンカンに怒った。

「おまえはいったい何を考えているんだ！　世間に対してどう顔向けするんだ！　相手は、どこのどいつだ！」

困った娘は、父親の怒りを鎮《しず》めるために、父親が日頃から尊敬している白隠禅師の名前を挙げるしかなかった。

「白隠和尚です」

「なんだと！　あの白隠和尚さんが、大事なおまえにそんなことをしたのか！」

この父親は、生まれた赤ちゃんを抱えて、白隠禅師のお寺へ一目散に駆けつけた。

「おれはあんたを今まで尊敬していたが、このざまはいったいなんだ！　娘の将来をどうしてくれる！　この赤ちゃんの責任を取れ！」

と父親の怒りは収まらない。

「おお、そうか」

と白隠禅師は、一言の弁解もすることなく、その日から赤ちゃんの乳をもらいに村中を歩いたから、白隠禅師の悪い噂《うわさ》はいっぺんに広まってしまった。

——そこで、娘が良心の呵責《かしゃく》に耐え切れなくなって、父親に本当のことを打ち明けるんですよね。

米津　真相を知った父親は、土下座して謝り、白隠禅師から赤ちゃんを引き取ったが、そのときも白隠禅師は「おお、そうか」の一言だけだったそうだ。

白隠禅師にとって大事なことは、赤ちゃんをどうやって無事に育てるかだった。自分の世間体など、どうでも良かった。ボクがいつも言っている「根っこ」とは、「赤ちゃんを無事に育てること」で、「自分の世間体」は、「枝葉」でしかない。

だから、この問題の「根っこ」は何か？　「枝葉」は何か？　といつも考える習慣をしっかり身につけておくことが大事なんだよ。「枝葉」なんかに惑《まど》わされてはだめだ。

伯父の成田千里は怪物だった

――ところで、先生は、いつお会いしてもお元気で、お歳のようにはとても見えませんね。

米津　ボクはね、運がいいんだよ。たんに運がいいじゃなくて、運に乗っていくんだよ。ボクは水泳をやっていたからよくわかるけど、荒い波でも、波に乗っていくとね、波があったほうが楽なんだよ。

――先生の生き方を見ているとそう思います。100歳にもなるというのに、次から次へと来客が波のようにやって来る。ボクたち教え子が来なくても、天風会の人たちがたくさん来るし、そのほかにもいろいろ来る。だから人にも恵まれているわけですね。運っていうのはやっぱり、人に恵まれることですよね。

先生は、身内《みうち》にも大変恵まれていましたね。先生のお母様のお姉さんの順《じゅん》さんは、女子高等師範学校を出て先生になり、のちに今のお茶の水女子大学の名誉教授です。順さんは、被服教育の第一人者で、その後、乞《こ》われて新宿にある文化服装学院の初代院長をやられ、その礎《いしずえ》を築きました。この前までやっていたNHK朝ドラの『カーネーション』に出てくる「コシノ三姉妹」のコシノジュンコなどを輩出《はいしゅつ》した学院です。

米津　伯母は、成田千里《なりたせんり》（1882～1951）へ嫁《とつ》いだよ。

――その成田千里先生という方が大変な改革者というか怪物で知られていますね。今の都立九段高校は、1923（大正12）年9月1日の関東大震災による学校不足のため、翌1924（大正13）年に第一東京市立中学校として東京市により設立された。その初代校長が成田千里先生でした。成田先生は、他校とは一線を画した独自性と「至大荘《しだいそう》」（海の教育施設）に代表される質実剛健《しつじつごうけん》な校風を生みました。その一中に先生は入られた。

米津　伯父の成田は、なんでも新しいことをやるのが好きな人でね。生徒にネクタイで洋服着せたりなんかして、当時としては画期的な背広だったんだよ。国立栄養研究所の指導の下に、学校給食が出されていた時期もあったな。運動をやったら帰りにちゃんと風呂入ってきれいになれって学校の中に初めて風呂場をつくったり、共同のランチルームをつくったり、それから、ロッカーだ。一人ひとり自分の荷物はロッカーに入れて、鍵《かぎ》は自分で閉めて持ち物に責任を持て。そういうことをやった人なんですよ。

それから千葉県の鵜原《うばら》の先に海の寮（至大荘）をつくって、生徒を遠泳させたんですよ。全員赤ふんだ。

――成田先生は「至大荘」をたんなる臨海施設ではなく、自然と一体になって教育を行なう学園にしようとした。水泳だけではなく、自然の中でのレクリエーションを通じて生徒を鍛《きた》えていこうとした。もちろん、冬も合宿して勉強させた。

米津　絶壁に囲まれ、眼前には海が開け、少年の心は、わくわくどきどきしたもんだよ。

――「至大荘」は、ここの地主であり、のちの昭和電工コンツェルンを形成した森矗昶《もりのぶてる》（1884〜1941）と、当時の東京市長である後藤新平《ごとうしんぺい》（1857〜1929）と成田先生3人の怪物たちの出会いがなかったら存在しなかったでしょうね。

　後藤新平は少年だった頃、岩倉具視《いわくらともみ》（1825〜1883）から菓子《かし》のもてなしを受けたことがあるそうですね。後藤は、相手が公卿《くぎょう》だろうが少しも臆《おく》することなくむしゃむしゃと食べたそうです。そのため、あとで大人から叱《しか》られたそうですが、岩倉から「あの少年はよほど菓子が好きだと見える」と一箱の菓子が届いたそうです。

米津　後藤らしいエピソードですね。少年は、そのくらいの元気がなくてはだめですよ。

――先生が運がいいと思うのは、お母さんの姉である伯母さんが嫁いだ先が成田千里という立派な教育者であり一中（今の九段高校）の校長だったおかげでむずかしい市立一中へ入れた（笑い）。ボクも成田先生のお屋敷《やしき》や別荘のそうじを先生から頼まれて尊顔《そんがん》を拝することが多かったです。

米津　そういうことだ。そのときの仲間が、「ロケット博士」で有名な糸川英夫《いとかわひでお》（1912～1999）とか、のちに国文学者、民俗学者として名を馳《は》せた後輩の池田弥三郎《いけだやさぶろう》（1914～1982）だよ。ほかにも一中の同窓生には有名人が多数いるよ。

——　あの頃のことを調べると、先生の人脈には著名人がかなりいる。糸川さんが一番有名になっちゃったけど、まだまだたくさんいます。

その後、成田さんは、大阪で池田師範とか東京の豊島師範の校長になって、とにかく師範学校で成田先生の名前を知らない人はない。戦後は、東京都の教育委員会の第一代の教育委員長をやられました。

実は、先生が編集長として、『成田千里先生伝』を編纂《へんさん》して1957（昭和32）年に刊行したんですが、そのお手伝いをボクもしました。

米津　そうだったね。

話し相手がいるだけでありがたい

米津　ところで、キミは今年でいくつになるんだい？

——　83歳になります。

天風会「東京賛助会」代表の服部さん（左）も出演した
『石ころ爺さん』は拍手喝采だった

米津　キミも年のわりには若いじゃないか。児童教育や国語教育などで今でもずいぶん活躍しているそうじゃないか。

――いえいえ、先生にはとてもかないません。先生は1912（明治45）年6月13日のお生まれですから、今年の6月でちょうど100歳になられますね。6月2日には、東京・市ヶ谷の「アルカディア」で「誕生会」を催すそうで、おめでとうございます。

米津　ありがとう。本当は、もう去年の99歳をお祝いする「白寿《はくじゅ》の会」で終わりにしようと思っていたが、なんとなくやることになったんだよ。

「キミとのつきあいも61年になるね」
教え子の森田久美子さん

――遠慮しないで、祝ってもらったらいいんですよ。「白寿の会」では、先生が書かれた『石ころ爺《じい》さん』を天風会「東京賛助会」代表の服部さんはじめ、天風会員のみなさんが演じられて、拍《はく》手喝采《しゅかっさい》だったそうですね。

　ところで、先生がいつまでも元気・溌剌《はつらつ》としていられる秘訣《ひけつ》はどこにあるんですか。

米津　キミも知っているように、ボクのところには、森田久美子みたいに80歳にもなる教え子や天風会員を中心に、たくさんの人が遊びに来て、出たり入ったりしているでしょう。

　彼らと心置きなく話したり、お茶を飲んだりすることが、元気を保っていられる何よりの健康法かな。

――先生のご自宅には、先生の友人・知人をはじめ、居候《いそうろう》からわれわれ教え子などいろんな癖《くせ》のあるというか、個性豊かな人種が昔は入り乱れていましたからね。先生の奥様

恩師を囲んで話が弾む（自然が残る東京学芸大にて）
（上）一番左（下）左から2番目が森田久美子さん

もさぞかし大変だったと思います。

米津　そうだね。家内は娘4人と息子1人を抱えてよくやってくれたよ。また、母を引き取ったんだが、家内と娘たちが面倒をよく見てくれて、ボクは何もしなかったのだが、「千ちゃんは親孝行だね」と世間からは言われるしね。ありがたいよ。

――　森田は、先生が東京学芸大学の教官をやられていたときの教え子ですね。彼女が入学したのが1951（昭和26）年だそうだから、ボクの65年に次いで先生とのつきあいは長い。

　彼女の話では、彼女の1つ上のクラスから女性が入学してきたそうです。先生は端正《たんせい》な顔をされているから女子学生にもてたでしょう。

米津　そうでもないけど、森田なんかに昼食を買って来させて教官室で一緒に食事をしたもんだ。

――　「おい、松尾（森田の旧姓）、前に出て歌を歌え」などと強制したそうですね。彼女によると、拒絶はできなかったそうですよ。

米津　のちにボクが入会する天風精神と同じだな（笑い）。

――　どういう意味ですか？

米津　天風会員は、当てられたら拒否できないんだよ。「絶対積極」精神で「ありがとうございます」と感謝の気持ちで応じるんだ（笑い）。

――それはいいことだ（笑い）。ところで、森田が先生になるとき「先生ぶるな。先生らしくしろ」と激励したそうですね。また、森田が結婚するとき、「正眼《せいがん》の構えでいろ。これが一番隙《すき》がなくて強い構えだ。それでも、9回の裏までやって上手くいかなかったら戻っておいで」と言って送り出したそうですね。

米津　森田とは、特別に親しかったからね。自分の娘を嫁にやるような気分だったな。

――「キミも、とうとう嫁に行っちまうのか」（笑い）。でも、森田は先生を今でも尊敬していますよ。「先生は、自分を無にして、人のために無償の愛をくださる方です」と。

「善きサマリア人」のたとえ

――先生のご自宅の壁《かべ》には、あちこちに先生が生み出された言葉が貼《は》られていますね。

米津　毎日、思ったことを文章にしているんだよ。文章を書くことで自分の内面と向き合い、それが、また心の健康法になっているんだろうな。次から次へと言葉が思い浮かんできて、それを書にする。だから、毎日が楽しくてしようがない。

――その中で、先生が一番気に入っている言葉はなんですか。

米津　やさしい言葉の種《たね》をまきみんなでつくる花の園かな。なんでも、言葉だけではいけません。やさしい言葉というのは、行動を伴う。行動が伴わないと、思いやりの言葉にはならない。

――聖書に出てくる「善《よ》きサマリア人」を想い出します。

「強盗に襲《おそ》われて重症を負った人が道端《みちばた》に倒れていた。通りかかった祭司《さいし》は、この人を見ると向こう側を通って行った。次に通りかかったレビ人も、同様に向こう側を通って行った。ところが、旅をしていたあるサマリア人は、彼を気の毒に思い、介抱《かいほう》して、宿屋に連れて行った」（「ルカによる福音書」より）

米津　そのサマリア人は、宿屋の主人に「もし、お金が足らなかったら、帰りにお支払いするので、彼を介抱してほしい」と頼むんだよね。

祭司やレビ人は、今で言えば、学者・知識人の代表だ。サマリア人は、その当時、差別されていたらしい。学者・知識人は、自分のことしか考えなかった。差別されていた人は、身銭を切ってまで助けようとした。

――世の中には、いろいろな教えがありますが、口で言うだけでは、なんにもなりません。先生が言われるように、行動が伴わなければ、知っているだけでは、なんにもならない。

でも、世の中のほとんどの人は、そうではないでしょうか。とくに、この頃の政治家や企業人などはね。自分の利益になることしか考えていないように見えます。相手を思って行動しているように見えても、よくよく考えてみると、結局は自分の利益になるかならないかだけで行動している。

米津　「人間はだれでも、人を助け合う遺伝子が備わっている」とボクは信じている。「人間はだれでも生まれながらに豊かな人間性を持っている」と思っている。人間は「世のため、人のため」と思ったときに、大きなパワーが出てくるもんです。

目先の欲に目がくらんで、どうしても自分のことしか考えなくなってしまう。でも、自分のことを考える必要なんかないんだよ。それは、ちゃんと神様がやってくれますから。

――お天道様はなんでもお見通しですからね。いいと思ったことはすぐに実行する習慣を身につければいいんですね。

東京・神田高山本店主人の高山富三男《たかやまふみお》さんと、今から10数年前に対談したことがあります。1962（昭和37）年頃の週刊誌に高山さんの写真が大きく出ていて、見出しに「司馬遼さんが折り紙つけた古本屋の英雄」とありました。司馬遼太郎《しばりょうたろう》さん（1923〜1996）は、高山本店のお得意さんで、司馬さんは高山さんを全面的に信頼していたそうです。

米津　司馬さんが来ると、あるテーマの本がゴソッとなくなる（笑い）。

――　ワッハッハ。『竜馬がゆく』など当時の金で約1千万円ぐらい資料を買うそうです。高山さんの知識は生半可《なまはんか》なものではないので、あるとき『柳生武芸帳』などで知られる五味康祐《ごみやすすけ》さん（1921〜1980）が「キミはどこの学校出てるの？」と訊《き》いてきたので「学校なんか出てません。古本大学です」と応えたそうです（笑い）。

高山さんは、小学校で先生に教わった「有智無心　無智有心」という言葉をときどき思い出すと言っていました。

米津　学問や知識はいっぱいあっても心のない人がいる。反対に、学問や知識はないが温かい心はたっぷり持っている人がいる。

――　そうです。困った人がいたら力になる。商いもお天道様に恥《は》じないよう精一杯励む。そんな「無智有心」の人になりたいと言われました。

「気づけばすぐさまに」

米津　「一尺の道取《どうしゅ》（言葉）は一寸の行取《ぎょうしゅ》（実践）にしかず」というでしょう。今の若い人で、1尺が1寸の10倍ということも知らない人がいるかもしれないが、要するに、かっこいい言葉を10並べるよりも、1つでも実践したほうがはるかに価値があるということだ。

――『法句経《ほっくきょう》』に「善《よ》きことには　いそぎおもむくべし」とあります。「思い立ったが吉日」ということですね。ある日曜日、電車に乗っていたら、杖《つえ》をついたおばあさんが乗ってきました。すると、真向かいに座っていた若いアベックの男性がすっと立ち上がって席を譲りました。その青年の顔を見たら、実にいい顔をしていました。

米津　瞬間的に思うことが大切なんです。良心というものは非常に瞬間的なものです。雑《ざつ》念《ねん》・妄念《もうねん》でためらっていては善いことはできません。

――でも、この青年みたいにすぐに行動を起こすには勇気が要《い》りますね。したくても周りから見られていると思うと、消極的な人は恥《は》ずかしい気持ちが先に立ってなかなかできません。

米津　そのような人は、少しずつ慣《な》れていくしかありませんが、自分ができなくても、この青年のように善いことをした人を心の中で拍手してあげればいいんですよ。

――「もし人好《よ》きことなさば　これをまたまたなすべし　好きことをなすに楽しみをもつべし　好きことを積むは幸いなり」

良いことをしたらもう一度しなさい。楽しみながらやりなさい。良いことを続けてさえいれば人はだれでも幸せになれますよ、と『法句経』は教えています。

米津　いいことをしようと思っても、人の目を気にして気後《きおく》れしてしまう人がいますが、躊躇《ちゅうちょ》することなくいいことをしたらいい。人のためにいいことをすると、とても気持ちがいいものです。そのためには、素直な気持ちになることが大事ですね。

孟子《もうし》の有名な言葉に「惻隠《そくいん》の心は、仁《じん》の端《たん》なり」がありますね。「他人のことを痛ましく思って同情する心は、やがては人の最高の徳である仁に通じる」。人の心の中には、人に同情するような気持ちが生まれながらに備わっていますから、素直な心に従うことによって徳に近づくことができるということですが、ボクは「気づけばすぐさまに」と解釈している。

だれかが道端に倒れていたら、「かまっていたら会社に遅れてしまう。それに、だれかが助けてあげるだろう」なんてケチな考えを持たないで、すぐに手を差し伸べてあげたら

【著者紹介】

米津千之（よねづ・せんじ）

1912年6月13日東京生まれ。1935年国学院大学倫理学科卒業。1938年同大学国文学科卒業。東京府豊島師範学校（現・東京学芸大学）教諭、東京第二師範学校助教授を経て、1977年東京学芸大学教授を定年退職。その後、東横学園女子短期大学教授、高崎短期大学教授などを歴任。現在、公益財団法人天風会講師。幼稚園の園歌や小学校の校歌の作詞なども多数手がける。

著書に『ことわざポケット辞典』（有紀書房）、『国語読み書き辞典』（有紀書房）、『日本の道念』（ホーム社）他。

【対談相手】

栗岩英雄（くりいわ・ひでお）

1929年東京生まれ。東京第二師範学校本科（現・東京学芸大学）、国学院大学文学部文学科卒業。小学校の校長、幼稚園の園長などを歴任。定年退職後、東京都千代田区教育委員（長）3期就任。園歌の作詞なども手がける。現在、日本児童教育振興財団理事、日本国語教育学会常任理事、東京教育懇話会代表幹事。

著書に対談集『人間浴』（1～4　巴心文庫）、『例解学習国語辞典』（小学館）他。

100年の人生で垣間見た歴史に燦然と輝く5人の生き方

二〇一二年六月二〇日　第一刷

著　者　米津千之
発行者　山下隆夫
企画・編集　株式会社　ザ・ブック
東京都新宿区若宮町二九　若宮ハウス二〇三
電話（〇三）三二六六―〇二六三

発　行　太陽出版
東京都文京区本郷四―一―一四
TEL（〇三）三八一四―〇四七一
FAX（〇三）三八一四―二三六六

印刷・製本　株式会社　シナノ

ISBN 978-4-88469-729-7